保育ソーシャルワークのフロンティア

伊藤良高
永野典詞 編
中谷　彪

晃洋書房

はしがき

近年、社会構造・地域コミュニティの変貌や個人のライフスタイルの多様化等子どもと家庭を取り巻く環境の変化のなかで、子どもの育ちの変容や家庭の子育て力の低下が指摘されている。すなわち、前者については、基本的な生活習慣の欠如や食生活の乱れ、自制心や規範意識の希薄化、運動能力の低下、コミュニケーション能力の不足、小学校生活にうまく適応できていないなどの問題が指摘されている。また、後者については、子どもの育ちに対する理解の不足や子育ての孤立化の深まりから、過保護や過干渉、育児不安、児童虐待、乳幼児の遺棄など、子どもとの関係構築に関する問題が指摘されている。

こうした状況のなかで、保育所・幼稚園・認定こども園等保育施設（以下、保育施設と略）においては、子ども・子育て問題の多様化・複雑化に対応するため、期待される役割・機能が拡大してきている。すなわち、入所（園）している子どもの保育のみならず、その親・保護者（以下、保護者と略）に対し、就労状況や子どもとの関係等を踏まえた適切な支援、さらには、地域の子どもやその保護者に対する子育て支援を担う役割が一層高まっている。保育施設はそれぞれの特性を生かしながら、保護者に対する保育に関する指導（以下、保育指導と略）や子育て等に関する相談・助言、情報提供、関係機関・関係者との連携等におけるソーシャルワーク機能を発揮することが求められている。

たとえば、厚生労働省「保育所保育指針」（2008年３月。厚生労働省告示第141号）は、地域の子育て拠点としての機能強化という観点から、保育所の役割として、「入所する子どもを保育するとともに、家庭や地域の様々な社会資源との連携を図りながら、入所する子どもの保護者に対する支援及び地域の子育て家庭に対する支援等を行う役割を担うものである」と述べ、保育所の特性や保育士の専門性を活かし、家庭や地域の様々な社会資源との連携・協働を図りつつ、保育所に入所する子どもの保護者や地域の子育て家庭を積極的に支援していくことの必要性を提示している。また、文部科学省「幼稚園教育要領」（同。文部科学省告示第26号）も同様に、幼稚園の運営に当たっては、子育ての支援のために、保護者や地域の人々に機能や施設を開放して、園内体制の整備や関係機関との連携・協力に配慮しつつ、幼児期の教育に関する相談に応じたり、情報を提供したり、幼児と保護者の登園を受け入れたり、保護者同士の交流の機会を提供したりするなど、地域における幼児期の教育のセンターとしての役割を果たすよう努めることを要請している。

ソーシャルワークとは、一般に「生活課題を抱える対象者と、対象者が必要とする社会資源との関係を調整しながら、対象者の課題解決や自立的な生活、自己実現、よりよく生きることの達成を支える一連の活動」(厚生労働省「保育所保育指針解説書」2008年3月)をいうが、保育施設や所(園)長以下、保育士・幼稚園教諭等保育者(以下、保育者と略)は、これまで乳幼児の保育を通して蓄積されてきた専門性を土台にし、保護者を対象としたソーシャルワークを担う専門機関や専門職であることが不可欠になっている。制度論的には、施設へのソーシャルワーカーや「保育カウンセラー」「子育て支援士(仮称)」等の新規専門職の配置(巡回指導を含む)や、保育者が家庭支援や相談援助、保育相談支援等に関する一定の力量を身につけるため、養成課程及び研修体制のさらなる充実・改善が求められている。いわば、これからの保育者は援助専門職として、ソーシャルワークの知識、技術(能)、倫理意識を持ち、保護者を視野に入れた保育実践ないし、保護者の子育て力の向上に結びつく支援や地域の保育資源の活用など保護者の保育指導、子育て支援活動に取り組んでいくことが課題となっている。

本書は、近年、大きな脚光を浴びつつある「保育ソーシャルワーク」について、保育実践、保護者支援・子育て支援をめぐる諸問題を取りあげながら、その現状と課題、展望にせまろうとするものである。保育とソーシャルワークの学際的領域である「保育ソーシャルワーク」の理論と実践の最前線を明らかにし、保育・教育・社会福祉の視点からトータルに「保育ソーシャルワーク」のあり方を提言しようとしている。

本書は、大学・短期大学・専門学校等において、保育とソーシャルワークについて学んでいる学生諸君の講義テキストとして、また、現任保育者や園経営者、子育てNPO・子育て支援指導者のための実務・研修テキストとして、さらには、子ども・子育て問題に関心を持っている一般市民のための参考資料として執筆・編集されたものである。これまでに発行されている「フロンティア」シリーズに加わる新たな一書として企画されたものであるが、今後の発展が期待される「保育ソーシャルワーク」の新たな地平を切り拓くものになっているかは、賢明な読者諸氏の判断に委ねるしかない。各論稿では、多様な試論が積極的に展開されており、そのため、本書全体としての統一性に欠ける部分もあるが、読者の皆様のご意見やご要望に応えながら、今後さらに充実と改善の努力を重ねていきたい。

最後になったが、本書の出版を快諾された晃洋書房の上田芳樹社長、編集でお世話になった丸井清泰氏及び、校正でお手数をおかけした松原優氏に、心からお礼を申し上げたい。

2011年2月10日

編　　者

目　　次

第1章　子どもの育ちと親・教師の責任

はじめに

国民や人種や民族が今日存在しているということは、人類がその自らの歴史とともに、「子育て」をしてきたことを示している。そう考えると「子育て」は、現在を含めて未来永劫（えいごう）、人類が共通に継続していく営みであるといえよう。

教育の歴史を学んだものにとって、過去の「子育て」や欧米の「子育て」を必ずしも美化したり酷評したりする気は毛頭ないのであるが、それにしても、昨今の日本の「子育て」は憂うべき状況下にある。というのは、子どもたちが本来保障されるべきはずの「幸福に生きる権利」や「健やかに育つ権利」が危機的な状況にあるからである。それどころか、「生きる権利」すら保障されない状況下にある。たとえば、育児放棄・児童虐待・棄児・放任・過干渉・過保護・子殺し等々である。今こそ、子どもたちの健やかな「育ち」をどのように保障していくべきかが喫緊の課題である。

本章では、子どもの健全な「育ち」とそれを保障すべき親と教師の責任と任務とを考察していくのであるが、そのために、まず日本における庶民の「子育て」の伝統を整理し、次に、今日の「子育て」の法制度を確かめるとともに、子どもの健全な「育ち」を実現していくための視点を提言していく。

1　日本における「子育て」の歴史

かつて筆者は、日本と諸外国における「子育て」の歴史について考察したことがあるが、[1] 日本における「子育て」の歴史の特徴をまとめると、つぎのように整理できる。

その1は、『万葉集』の山上憶良（やまのうえのおくら）の和歌（銀（しろがね）も金（くがね）も玉も何せむに　勝れる宝　子に及（し）かめやも）に謳われたように、日本人は古来、子どもを「宝物」と考え、子どもを大切に慈しみ、愛情を込めて育ててきたということである。その際、稲作農耕民族である日本人は、あたかも稲を育てるのと同じような態度で、やさしく、時間をかけることをいとわず、子どもを育ててきた。

その2は、子どもは神から授かりもの、神の子であるから、大切に育てなければならない、親の思うままにならない、親の思うままにしてはならないという考え方があった。

柳田國男は日本各地の伝説を調べた上で、「日本は昔から、児童が神に愛せられる国でありました[2)]」と書いたが、日本の「子育て」の伝統では、子どもは神に愛される存在であり、大人たちや社会から大切にされてきた。

その3は、7歳が子どもと大人とを分ける年齢であったということである。日本には、「7つまでは神の子」「7つ前は神のうち」「7つ前は神様」という諺があるが、それは「7歳までは霊魂がまだ前世とのつながりをもち不安定な状態にある」ことをも意味していた。それゆえに7歳までは、いわゆる「しつけ」はあまりされず、子どもは非常に寛大に扱われた。

その4は、日本の子育てにおいては、体罰がなかったということである。体罰がなかった理由の1は、「子宝」「7つまでは神の子」という認識から、「7つまでの子どもが、どんなワルサをしても神さまは怒らない」と考える社会的習慣が普及浸透していた。

理由の2は、稲作農耕文化の日本民族においては、稲（や野菜）を育てるように子どもを育てたということであり、そこには「待ちの子育て」観が濃厚であった。「這（は）えば立て、立てば歩めの親心。焦るな、急ぐな、心して待て」という諺は、その思想をよく表している。

理由の3は、稲作農耕文化を基盤とする日本では、人間はみな平等に造られていること、人間は本質的に善で無垢な存在であるものと考えられ、子育てに体罰が必要であるというような発想がなかった。懲戒の必要な時はあったが、体罰は加えられなかった。

その5は、当時の高い乳幼児死亡率や、飢餓や経済窮乏による生活苦を理由とする堕胎や間引き等によって、その幼い生命が絶たれるという悲運もあったということである。たとえ乳幼児死亡率の高さや生活苦による人口調整策とはいえ、子どもを失うという事態は、親たちとその家族に対して筆舌に尽くせない苦痛と悲しみとを与えたに違いない。

以上のいわゆる「子宝」思想は多年の努力の結果、現代においては「子どもの権利」として法的に保障されるに至っている。次にそれを確かめておこう。

2　現代における「子どもの育ち」の法的保障

1　日本国憲法における「子どもの権利」

現代における「子どもの権利」の法的保障についてであるが、日本国憲法は以下のように規定している。

まず第11条は、「子ども」も国民として基本的人権を有していることを規定しており、第13条は国民である「子ども」も社会の構成員であり、「個人として尊重される」と明記している。第13条で注目すべき規定は「生命、自由及び幸福追求に対する国民の権利については、……立法その他の国政の上で、最大の尊重を必要とする」である。

つぎに、「子ども」を含むすべての国民が幸福に生きるために、憲法は基本的人権条項（第14条〜第31条）を設けている。基本的人権とは、国民が人間として生きていくための基本的な権利・自由であるが、とりわけ成長と発達の段階にある「子どもの育ち」にとっては、第26条の「教育を受ける権利」が最も重要な権利である。

ここで強調しておきたいことは、「子ども」を含む国民が教育を受けるのは、第13条に規定する「幸福に生きる」ためである。子どもは、持って生まれてきた諸能力を全面的かつ最大限に、しかも調和的に伸長することを通して、「幸福に生きる」のである。「教育を受ける権利」の内実については、日本国憲法のほか、教育基本法（2006年）や学校教育法（1947年）等が規定しているところである。

2　児童福祉法にみる「子どもの幸福」と「子どもの育ち」

日本国憲法の理念に基づいて、子どもの「幸福に生きる権利」の内実を規定しているのが児童福祉法（1947年）である。同法の第1条は、「すべて国民は、児童が心身ともに健やかに生まれ、且つ、育成されるよう努めなければならない。②すべて児童は、ひとしくその生活を保障され、愛護されなければならない」と定め、児童福祉の理念を宣言している。この理念は、「子どもの育ち」の視点から、つぎのように説明することができよう。

子どもは、「心身ともに健やかに生まれ」る権利を持っている。この権利が保障されるためには、子どもは胎児の時から健康であらねばならず、親は胎児の健康を阻害する要因を予防したり未然に防いだりすることが必要となる。

また子どもは、誕生後、その健やかな成長と発達が保障される権利（健やかに育成される権利）を有する。子どもの健やかな成長と発達のためには、その前提として教育的文化的に健全な生活、経済的に安定した生活、環境的に安全な生活等が保障されるとともに、愛情溢れる人的環境のもとで育てられることが不可欠であるからである。

この環境整備の責任を規定したのが、第２条である。同条は「国及び地方公共団体は、児童の保護者とともに、児童を心身ともに健やかに育成する責任を負う」と規定し、国及び地方公共団体の責任を明確にしている。ここで留意すべきことは、国及び地方公共団体が整備責任を遂行するに当たっては、児童の最も身近にいる保護者の意思を尊重しなければならないということである。

第３条は、前二条に規定する児童の福祉を保障するための理念の尊重を謳っている。しかしながら、同法の児童福祉の理念は、実現には程遠い状態である。すべての児童が「心身ともに健やかに生まれ、且つ、育成され」てはいないし、「その生活を保障され、愛護され」てもいない。

今こそ、すべての子どもの「健やかな成長と発達（育ち）」と「幸福」との実現のために、より周到な施策が講じられる必要がある。親・教師にはそれぞれ固有の責任はあるが、施策の責任は国・地方公共団体にある。

3　児童の権利に関する条約にみる「子どもの幸福」と「子どもの育ち」

児童福祉法や児童憲章（1951年）における「子どもの権利」は、保護者、国や地方公共団体によって「育成され」「愛護され」「保障され」る権利（他人によって「保護される権利」）という色彩が強かった。

しかし近年、子どもを権利行使の主体として位置づけようとする動きが鮮明になってきた。その端緒は児童の権利宣言（1959年）であるが、その到達点は児童の権利に関する条約（1989年国連総会で採択。1994年日本で発効）である。同条約は、条約の基本的精神を「児童に関するすべての措置をとるに当たっては……児童の最善の利益が主として考慮されるものとする」（第３条第１項）と明記している。

同条約では、生命への権利、生存・発達の確保（第６条）を初めとして「子どもの育ち」にとって重要な権利が広範に規定されているが、特に緊要と考えられる権利は、意見表明権（第12条）、親による虐待・放任・搾取からの保護（第19条）、障害児の権利（第23条）、健康・医療への権利（第24条）、社会保障への権利（第26条）、生活水準への権利（第27条）、教育への権利（第28条）、休息・余暇、遊び、文化的・芸術的生活への参加（第31条）、経済的搾取・有害労働からの保護（第32条）、性的搾取・虐待からの保護（第34条）等である。

ここで留意すべきことは、同条約は、この条約における子どもの権利の実現のために「すべての立法措置、行政措置その他の措置を講ずる」ことを締約国に義務づけており（第４条）、子どもの権利の実現のためにとった措置及びこれらの権利の享受についてもたらされた進歩について国連の児童の権利委員会に報告する義務を課していることである（第44条）。

3 「子どもの幸福」と「子どもの育ち」保障の視点

子どもの権利を保障する法律ができれば、それで「子どもの幸福」と「子どもの育ち」とが実現されるというものではない。法制定は、あくまでも条件整備の１つに過ぎない。すべての「子どもの幸福」と「子どもの育ち」とを実現していくためには、法制定以上に、さらなる努力が必要である。

それでは今後、子どもの幸福と育ちとを十全に実現していくためには、親と教師（と地方公共団体と国と社会）はどうすればよいか。課題は多数あるが、以下では、その基本的な視点だけを述べることにしたい。

第１点は、「子ども」を正しく理解しようということである。より詳細にいえば、子どもの人格を認め、尊厳なる人間として認識するとともに、その権利を尊重することである。このことは、次のことを意味している。

その１は、子どもは無限の成長と発達の可能性を開花させるべく、心身ともに健やかに育つ権利を持っており、その権利（育ちの権利）を保障する義務が、親・教師・地方公共団体・国にあるということである。

その２は、「子宝」「子は神からの授かりもの」思想の再確認が求められるということである。我々が行ったインタビュー調査でも、現代の親たちは「子は作るもの（物）」「子は始末するもの（物）」というように、親の判断で子どもを自由にできるものと考えているということであった[3)]。こうした親たちは、「子は親の私有物（親が好きにしてよい物品）」であると考えがちになってきている。続発する子殺しや子どもの虐待事件の背後には、「ひと」思想を忘れた「もの」

思想観が存在するのではないかと考える。猛省が求められる。

第2点は、子どもの健やかな成長と発達（育ち）のために、生育のための適切な環境が用意されなければならないということである。この場合の環境とは、具体的には、①経済的に恵まれた家庭環境、②愛情溢れた家庭環境、③行きとどいた教育環境、④平和で健康で文化的な社会環境等である。こうした環境の整備も、最終的には国・地方公共団体の責任である。ただし、このことは、子どもを過度に甘やかしたり、ご機嫌をとったりすることを意味しない。ルソーは『エミール』で、「子どもを不幸にするいちばん確実な方法はなにか、……それはいつでもなんでも手に入れられるようにしてやることだ[4)]」といっている。味読に値しよう。

第3点は、養育や教育の責任を、親や家庭の責任に矮小化してはならないということである。別言すれば、地域社会（世間）による子育てのネットワークを構築することである。

子育ては、よく学校と家庭と地域社会の共同作業であるといわれるが、それは真実である。教育史は、古来、子どもは家族や地域社会のなかで育っていたが、やがて学校が出現し、教育の専門家としての教師が体系的で科学的な知識や集団的規範意識の教育を行うようになってきたことを教えている。しかも、時代の進展とともに学校教育の機能の比重は大きくなってきたことも事実である。しかし忘れてならないことは、家庭が教育と養育の拠点であり、親は自然的教育権者（優先権的教育権者）であるということである。学校と教師、地域社会の人々は、あくまでも親の教育活動を援助したり支援したりする存在であるということである。

要するに、子どもの健やかな成長と発達（育ち）を保障するために、親権者である親、教育の専門家である教師、地域社会の人々それに行政の各々が、協力連携し合いながらその固有の責任と任務を果たしていくことが要請されているのである。

第4点は、ウェルフェア（wel-fare）からウェルビーイング（well-being）へという新しい福祉理念の確立とその具体化である。福祉（wel-fare）とは、wellとfareの複合語であり（研究社『英和大辞典』）、その意味は「公的扶助によって社会の成員が等しく受けることのできる安定した生活環境」（『大辞泉』）または「公的扶助による生活の向上、安定」（『広辞苑』）である。それは公的に受ける生活保障であって、慈恵的恩恵的な意味合いが強い。

これに対してウェルビーイング（well-being）とは「申し分なく生きていること」（「個人の権利や自己実現が保障され、身体的・精神的・社会的に良好な状態にあること」）であり、その環境や条件を創造していくことであり、そうした環境や条件の整備を国や地方公共団体に要求していく概念である[5)]。ウェルビーイングを「幸福に生きる権利」のための環境整備ととらえ、その十全な遂行を政治や行政に求めていくことが大切である。

おわりに

民俗学が明らかにしてきた日本民俗の「子育て」の知見の紹介に比較的多くの字数を割いてきたのには、次のような理由があったからである。

１つは、「おとな」とは違う「子ども」という存在を本当に理解して欲しいと考えたからである。過保護に育てられた親たち、我がまま気ままに育てられた親たち、社会の生活慣習・社会的ルールを教えられずに育てられた親たち、エゴイズムをコントロールできない親たち、子どもの利益よりも自分の利益を優先させる親たちが、余りにも多いように思えるからである。彼らが、果して「子どもの健やかな育ち」を保障し得ることができるのかについて危惧するからである。このことは、同じような環境で育った教師たちにも当てはまる。

２つは、「子どもの健やかな育ち」を保障していくためには、現代的な形での「子育ての共同化」が必要不可欠となると考えたからである。かつては、産婆・仮親・拾い親・名づけ親・地域社会の協力による「子育て」（いわゆる「世間による子育て」）が行われていた。それが今日では、「孤立の中の子育て」である。個人で「子育て」を完遂することは、至難の業である。

３つは、「子どもの健やかな育ち」や「子どもの幸福」を実現していくためには、親も教師も、日本の庶民の「子育て」の叡智を深く謙虚に学ぶ必要があると考えたからである。

演習問題

1．「子どもは宝」の意味について話し合ってみよう。
2．「子どもの権利」と「子どもの育ち」の関係について考えてみよう。
3．日本と諸外国における「子育て」の歴史と伝統について、さらに研究してみよう。

注

1） 詳細については、中谷彪『子育て文化のフロンティア』（晃洋書房、2006年）を参照されたい。

2） 柳田國男「日本の伝説」『定本 柳田國男集』第26巻、筑摩書房、1969年、248頁。

3） 中谷彪ほか「関西風子育ての歴史と伝統」、「関西圏における親子の世代間の生活規律・社会的ルール意識の位相研究」（第１回中間報告：第３回 MKCR 研究集会：2004年12月11日）。

4） J. J. ルソー著、今野一郎訳『エミール』（上）、岩波書店〔岩波文庫〕、1962年、119頁。

5） ウェルフェア（wel-fare）からウェルビーイング（well-being）への提唱としては、高橋重宏『ウェルフェアからウェルビーイングへ』（川島書店、1994年）、鈴木政次郎編著『現代児童福祉論』（川島書店、2000年）、伊藤良高・中谷彪編『子ども家庭福祉のフロンティア』第１章（晃洋書房、2008年）を参照されたい。

参考文献

我妻洋・原ひろ子著『しつけ』弘文堂、1965年。

伊藤良高・中谷彪編『子ども家庭福祉のフロンティア』晃洋書房、2008年。

柴野昌山編『しつけの社会学』世界思想社、1989年。

中谷彪『子育て文化のフロンティア』晃洋書房、2006年。

山住正巳・中江和恵編注『子育ての書』（全三巻）、平凡社〔東洋文庫〕、1976年。

第2章 保育ソーシャルワークの基礎理論

はじめに

近年、子どもと家庭を取り巻く環境の変化のなかで、子どもと家族・家庭のウェルビーイング（幸福）の実現を図るため、保育実践及び保護者支援・子育て支援へのソーシャルワークの導入の必要性が指摘されるとともに、保育とソーシャルワークの学際的領域である「保育ソーシャルワーク」の理論と実践のあり方が議論され始めている。

本章では、保育ソーシャルワークとは何か、関連する議論を踏まえながら、その基本的な枠組みについて考察することにしたい。具体的には、保育実践及び保護者支援・子育て支援におけるソーシャルワークの必要性を確認したうえで、その基本的な理論と内容、課題について論じていきたい。

1　保育ソーシャルワークの必要性

ある文書はこう述べている。「子どもは信頼する大人の影響を受ける存在であり、幼児期には、信頼する大人、特に保護者の影響を強く受ける。そのため、保護者が安定した気持ちで幼児を育てていくことは、幼児の健やかな成長にとって大切なことである。また、幼児が主体的に活動を展開することが幼児期の教育においては重要であるが、そのためには、保護者との温かなつながりに支えられて幼児の心が安定していなければならない[1)]」。確かに、子育ち・子育ての理想としてこのようにあることが望ましいが、現実には、核家族化の進行や就労環境の変化、近隣の人間関係の希薄化等を背景に、家庭や地域における子育て力の低下は著しく、保護者の育児負担感の増大などが生じている。その結果、深刻な育児不安や歪んだ子育て、さらには子どもにとって育ちにくい社会への変容につながり、児童虐待の増大や乳幼児の遺棄など深刻な事件に結びついているとの指摘もなされている。

こうした状況にあって、近年、保育所・幼稚園・認定こども園等保育施設(以下、保育施設と略）は、期待される役割・機能が深化・拡大してきている。すなわち、保育施設は保護者支援・子育て支援を担う施設として位置づけられ、入所（園）している子どもの保育とともに、その保護者に対し、就労状況や子どもとの関係等を踏まえた適切な支援、さらには、地域の子育て家庭への支援を行うことが求められている。

保護者支援・子育て支援の必要性については、少子化対策が大きな社会問題となり始めた1990年代以降広く唱えられるようになっている。政策的レベルで見れば、その直接的契機となったものは、1994年12月に出された文部省・厚生省・労働省・建設省4大臣合意による「今後の子育て支援のための施策の基本的方向について」(エンゼルプラン）であるといってよいが、同文書において、「子育て支援」がキーワードとなり、企業や地域社会を含め社会全体で取り組んでいくことが課題であると提起された。以後、地域子育てネットワークの構築に向けて、孤立感・不安感・負担感のなかで子育てに向き合う場面が少なくない専業主婦（夫）家庭を対象に、育児不安等についての相談指導や子育てサークル等への支援などを行う地域子育て支援センター事業（1995年4月〜。現・地域子育て支援拠点事業）や保護者の育児疲れ解消にも対応する一時保育（1996年4月〜。現・一時預かり事業)、幼稚園における預かり保育など、様々な子育て支援事業が展開されてきている。

子育て支援を中心とする次世代育成支援対策のあり方について検討した厚生労働省報告書「社会連帯による次世代育成支援に向けて」(2003年8月）は、その基本的な考え方の1つに「専門性の確保」を掲げ、「保育所等が地域子育て支援センターとして、広く地域の子育て家庭の相談に応じるとともに、虐待などに至る前の予防対応を行うなど、一定のソーシャルワーク機能を発揮していくことが必要である。このため、一定の実務経験を積んだ保育士等をこうした役割を担うスタッフとして養成する等の取組を進めていくことが必要である」と提案している。ここでは、地域における子育て拠点として、保育所・保育士を中心とする保育施設・保育者がソーシャルワーク的支援を必要としている家庭の子育て支援に積極的に対応していくことの重要性が唱えられている。こうした指摘に代表されるように、今日、保育施設におけるソーシャルワーク機能の発揮や保育者の専門性としてのソーシャルワーク能力の形成が課題となるなかで、保育とソーシャルワークの学際的領域である「保育ソーシャルワーク」への関心が高まってきている。

2　保育ソーシャルワークの理論とその内容

近年、「保育ソーシャルワーク」という言葉を耳にするようになり、それを取りあげた保育者対象の研修も開催されるようになってきているが、この言葉が意味するものやその内容についてまだ一致した見解があるわけではない。

保育領域において、保護者支援・子育て支援を新たな機能として位置づける保育ソーシャルワーク論が展開され始めたのは1990年代後半以降になってからである。社会福祉学の立場から同論議を詳細に検討した鶴宏史によれば、それは子育て支援の中心に保育所が位置づけられて以降であり、特に保育士が国家資格化（法定化）される2001年前後のことである[2)]。その先駆け的論者の１人といえる石井哲夫は、保育ソーシャルワークについて、「目下、保育所が社会的に期待されてきている保育は、単に保育所内の自己完結的な保育のみではない。子どもの属している生活空間や時間的な進行過程を望見し、アセスメントを行い、広い視野に立つ生活と発達の援助を行うことである。従って、保護者に対しても強く影響力を持つ保育が期待されてきている[3)]」と述べ、児童虐待の増加等に対して、保育所がセーフティネットの最前線にあるべきであると論じている。そして、地域子育て支援を担当する人材として、「当面、現実的な視点から考えて、保育所として保育士もその任に当ることが妥当[4)]」としたうえで、保育士によるソーシャルワーク論を展開している。

また、今堀美樹は、「保育士の社会福祉援助職としての専門性が、子育て支援という保育サービスに対する新たな考え方を背景に再認識され、その具体的な内容について検討が求められている[5)]」と唱え、社会福祉専門職としての保育士の実践を保育ソーシャルワークとして再構築する方向を模索している。そして、保育ソーシャルワークの可能性を、①子どもの発達支援におけるソーシャルワーク過程（問題の発見、アセスメントと計画、実施と反省評価）、②親や他の施設・機関との連携等、子育てをめぐる協働性の開発、のなかに見出している。さらに、土田美世子は、保育所におけるエコロジカル・パースペクティブに基づくソーシャルワークという視点から、「保育所ワーカー（保育士及び保育所長をさす。引用者注）の支援技術として、従来から重視されてきた子どもに対する保育技術に加え、保育技術に本来含まれている保護者に対する相談技術、子どもと保護者の関係性及び環境に働きかけるソーシャルワーク技術が必要である[6)]」と主張し、その介入の対象として、① 就学前の子ども、② 子どもと保護者の関係性、③ 子育ての主体者としての保護者、④ 子どもの環境及び保護者による子育てを支援する環境、の4つを掲げている。そのうえで、保育者の専門性について、ケアワークの専門性を追求していくとともに、ソーシャルワークの視点を持ち、チームケアとして実践されることの大切さを唱えている。

鶴は、こうした関連する議論を踏まえたうえで、保育ソーシャルワークを「保育所における援助活動を社会福祉援助実践から捉えたもの、あるいは子ども家庭福祉実践から捉えたもの[7)]」と定義づけ、生態学的視点（エコロジカル・パースペクティブ）に基づいて、子どもの生活、保育所の役割・機能、保育士の役割をとらえ直すことを提起している。すなわち、保育所の機能ないし保育士の役割を、個人―家族―地域―社会という開かれたシステムのなかでとらえることの大切さを明示している。この見解に代表されるごとく、近年、保育所におけるソーシャルワーク機能の拡大のなかで、保育ソーシャルワークの重要性が指摘され、保育士の職務・役割についても、保育所内におけるミクロレベルの自己完結的になりがちであった実践・援助を、メゾレベル、マクロレベルへと拡大していくことが社会的・時代的要請となっている、といえよう。

しかしながら、保育ソーシャルワークの定義や内容について、多くの論者が意識する「保育所におけるソーシャルワーク活動」あるいは「保育士によるソーシャルワーク[8)]」というように、保育所・保育士をコアとしてイメージするとしても、はたしてそれらに限定されるものであるか否か、議論される必要があろう。すでに見たように、特別な配慮を要する子育て家庭の増加等、保護者支援・子育て支援は、内容や程度の違いこそあれ、保育施設・保育者全般に共通する課題となっており、保育ソーシャルワークが必要とされる対象・領域も広がりを見せている。その意味で、保育、教育、社会福祉の諸側面からトータルにとらえられる必要があると思われる。

3 保育ソーシャルワークをめぐる課題

では、保育ソーシャルワークの理論と実践をめぐって、何が課題となっているのであろうか。以下では、その枠組みを構築していく観点から、3点指摘しておきたい。

第１点は、保育ソーシャルワークとは何か、その概念を明確にしていくということである。今、手元にあるいくつかの保育学辞典類を見てみると[9]、同概念は独立項目としては取りあげられておらず、成熟した学問用語としてまだ市民権を得ていないことがわかる。

今とりあえず、同義語反復的にいうならば、保育ソーシャルワークとは、「保育に関するソーシャルワーク」「保育を対象とするソーシャルワーク」と定義づけることができる。ここでの「保育」とは、統一的に保護または養護という機能を含んだ教育（英語表記では、Early Childhood Care and Education、または単に、Care and Education。その意味では単なるケアワークではない）であり、直接的には、その対象である乳幼児の幸福の実現（すなわち、発達保障と生存・生活保障）をめざすものであるが、厚生労働省「保育所保育指針」（2008年３月）や文部科学省「幼稚園教育要領」（同）等に明記されているように、家族・家庭の幸福の実現がその必要条件となっている。従って、保育ソーシャルワークとは、子どもと保護者の幸福のトータルな保障に向けて、そのフィールドとなる保育実践及び保護者支援・子育て支援にソーシャルワークの知識と技術・技能を応用しようとするものである、といえるであろう。ただし、これまで蓄積されてきたソーシャルワーク論の保育への単なる適用ではなく、保育の原理や固有性を踏まえた独自の理論、実践として考究されていくことが望ましい。

第２点は、保育ソーシャルワークが対象とする領域は何か、その内容を整理していくということである。すでに述べたように、1990年代後半以降の保育ソーシャルワーク論の高まりの背景にあるものは、子育てに悩み苦しむ保護者への支援の必要性である。そこでは、まさしく、ミクロ、メゾ、マクロレベルにおけるソーシャルワーク実践としての保護者支援・子育て支援（保育に関する指導、子育て等に関する相談・助言、情報提供等）、関係機関・関係者との連携、権利擁護・代弁役割、ケアマネジメント[10]、行政施策への参加など、多種多岐にわたる内容が求められている。しかし、同時に、前出の今堀、土田らが鋭く説くように、保育実践における保育内容・保育技術をソーシャルワークの視点からとらえ直していくことは意味があると思われる。

これまで保育界では、子どもの十全な発達や豊かな遊び・生活の保障をめざして、１人１人の子どもの育ちやそれぞれの家庭の状況に応じた保育実践及び保護者支援・子育て支援活動を展開してきた。また、保育専門職としての「反省的実践家」としての保育者像が探究されてきた。しかしながら、近年、自我の形成に歪みを抱えた「気になる子ども」の増加等を契機に、子どもを取り巻く家庭や地域社会の現実を丁寧にとらえ、人が人として育っていくために保育の場で何ができるのかを考え、保育を構想していくことの大切さが唱えられている。すなわち、保育者が「乳幼児の育ちをデザインし、形にしていく[11]」ことの重要性が提起されているが、保育実践においても、保護者支援・子育て支援同様、より“意識的”な積み重ねに向けて、ソーシャルワークの手法・成果の積極的な援用が課題となるであろう。

第3点は、保育ソーシャルワークを担う主体は誰か、あるいはどこか、その対象を設定するということである。これまで見てきたように、保育ソーシャルワークの主体論をめぐっては、保育士を想定するケースが多いが、視点や論点の違いにより、所（園）長や主任保育士、ソーシャルワーカー、ファミリーソーシャルワーカーを想定するものもある。また、保育士とした場合も、社会福祉士資格を併有する者、と限定する議論も見られる。

これは、保育とソーシャルワークの専門性及び関係性をどのようにとらえるか、さらには、保育ソーシャルワークを中核的に担う専門職としての公証たる免許・資格をいかに位置づけ、構想していくか、という問題でもある。後者の点について付言すれば、ある厚生労働省資料によると、近年、保育ニーズの拡大に伴い、保育士養成施設が増加し（2009年：583カ所）、このうち、大学が37%、短期大学が45%、専修学校が18%となっており、特に大学での保育士養成が年々増加している。そして、子ども家庭福祉問題の多様化・複雑化に対応するため、保育士の専門性の向上や保育所の組織的対応、地域の関係機関との連携等が必要とされている[12]。こうした状況を踏まえて、新たな保育士資格のあり方についても議論がなされつつあり、さらに将来、保育士資格が2年制養成と4年制養成に階層化されるなら、2年制資格の保育士を「児童の保育」、4年制資格の保育士を「児童の保育及び保護者の支援」と機能分化させるという選択肢も可能となる[13]、とする議論も出されている。この見解は大変興味深いが、近接する幼稚園教諭免許状も視野に入れ、保育実践及び保護者支援・子育て支援を担う主体形成（資質・能力、保育所長・主任保育士等を含む免許・資格、養成、研修）についての新たな制度設計が不可欠である。

おわりに

「日本のソーシャルワークは主として欧米の先端理論やモデルに長い間依拠してきた。これらのソーシャルワーク発展の努力を否定するわけではないし、人類普遍の援助原理など極めて多くのことを学び、吸収して日本のソーシャルワークの充実と発展に寄与してきた。しかし、一方では、日本の文化や生活スタイルに対応した、いわゆる日本的なソーシャルワークの構築を希求する声も少なくなかった[14)]」。これは、新たな理論創造のもと、独創性のあるソーシャルワーク論を企図した書物の一節であるが、保育ソーシャルワークの基礎理論を構想するうえで多いに示唆となる言葉である。保育界において、ソーシャルワークがより一層身近なものとして認識され、普及していくためには、それ自体の主体性・独自性のさらなる追求とともに、いかに保育現場に親和性のある理論と実践モデルを提供できるかにかかっているといっても過言ではない。保育ソーシャルワークの枠組みの確立がその第一歩である。

演習問題

1. 保育ソーシャルワークの概念・定義について整理してみよう。
2. 保育ソーシャルワークがめざすものとは何かについて考えてみよう。
3. 保護者支援・子育て支援の必要性について話し合ってみよう。

注

1）　文部科学省「幼稚園における子育て支援活動及び預かり保育の事例集」2009年3月。

2）　鶴宏史『保育ソーシャルワーク論　社会福祉専門職としてのアイデンティティ』あいり出版、2009年1月、45頁。

3）　石井哲夫「私説　保育ソーシャルワーク論」『白梅学園短期大学　教育・福祉研究センター研究年報』第7号、2002年、1頁。

4）　石井哲夫「保育ソーシャルワーク講座——新エンゼルプラン、改訂保育指針にもとづく子育て支援を考える」『白梅学園短期大学　教育・福祉研究センター研究年報』第6号、2001年、101頁。

5）　今堀美樹「保育ソーシャルワーク研究——保育士の専門性をめぐる保育内容と援助技術の問題から——」『大阪キリスト教短期大学紀要／神学と人文』第42集、2002年、183頁。

6）　土田美世子「エコロジカル・パースペクティブによる保育実践」『ソーシャルワーク研究』第31巻第4号、相川書房、2006年、34頁。

7）　鶴前掲書、54頁。

8）　同上、51頁。

9）　ここでは、①谷田貝公昭監修・林邦雄責任編集『保育用語辞典』一藝社、2006年、②保育小辞典編集委員会編『保育小辞典』大月書店、2006年、③森上史朗・柏女霊峰編『保育用語辞典〔第5版〕』ミネルヴァ書房、2009年、を取りあげた。②、③において、「ソーシャルワーク」の項目は収録されている。

10）　参照：伊藤良高・若宮邦彦・桐原誠・宮崎由紀子「保育ソーシャルワークのパラダイム――ケアマネジメント概念を手がかりに――」、日本乳幼児教育学会編『乳幼児教育学研究』第17号、2008年。

11）　加藤繁美「時代が求める保育実践の質と保育者の実践力量」、垣内国光・東社協保育士会編『保育者の現在　専門性と労働環境』ミネルヴァ書房、2007年、117頁。

12）　厚生労働省「保育士養成課程等の改正について（中間まとめ）」2010年3月。厚生労働省「児童福祉法施行規則の一部を改正する省令等の施行について」2010年7月13日。

13）　財団法人こども未来財団「保育所長の資格要件及び責務に関する調査研究」（主任研究者：矢藤誠慈郎）、2010年3月、110頁。

14）　岡本民夫・平塚良子編著『新しいソーシャルワークの展開』ミネルヴァ書房、2010年、249頁。

参考文献

相澤譲治他編『新版 保育士をめざす人のソーシャルワーク』みらい、2005年。

伊藤良高『〔増補版〕現代保育所経営論――保育自治の探究――』北樹出版、2002年。

伊藤良高『新時代の幼児教育と幼稚園――理念・戦略・実践――』晃洋書房、2009年。

伊藤良高・中谷彪編『子ども家庭福祉のフロンティア』晃洋書房、2008年。

高橋重宏・山縣文治・才村純編『子ども家庭福祉とソーシャルワーク』有斐閣、2002年。

藤岡孝志監修、日本社会事業大学児童ソーシャルワーク課程編『これからの子ども家庭ソーシャルワーカー――スペシャリスト養成の実践――』ミネルヴァ書房、2010年。

第3章 保育ソーシャルワークと保育実践

はじめに

近年、保育者論・保育実践論において、「ふりかえり（反省、省察）」の重要性が指摘されている。すなわち、保育界では、アメリカのショーン（Schon, D. A.）の提示した「反省的実践家」という概念を参照しながら、「反省的実践家としての保育士」という専門職像が提起されるとともに、その具体的な姿として、「保育行為をふりかえること」、「成長し続けること」、「組織の一員としての自覚を持つこと」を掲げ、保育士としての力量や姿勢の重要性が唱えられている[1)]。

本章では、こうした動きを踏まえながら、保育所・幼稚園等保育施設における保育実践について、保育ソーシャルワークの視点から何が提起されているか、また、「保育所保育指針」「幼稚園教育要領」をどう読むことができるか、課題は何かについて論じていきたい。

1 保育ソーシャルワークと保育所・幼稚園等保育施設における保育実践

保育実践とは、一般に、保育所・幼稚園・認定こども園等保育施設（以下、保育施設と略）において、子どもの最善の利益の尊重を考慮しつつ、保育士・幼稚園教諭等保育者（以下、保育者と略）が、子どもの発達保障及び生存・生活保障をめざして取り組む保育活動・教育活動（以下、保育活動と略）をいう。この保育活動には、子どもの主体的活動を尊重する子ども中心型や子ども文化の系統的指導を取り入れる保育者主導型、子どもと保育者との共同プロジェクトなどいくつかのタイプがあるが、その展開過程において「子どもの発達の視点に立って、どういうタイプの活動が適切であるかを判断する[2)]」ことが大切であり、また、そのためには、保育実践によってたえず再検討された、仮説としての保育課程・教育課程及び指導計画（準ずる計画を含む）が不可欠である。このように、保育実践は、子どもの活動要求と保育者の保育要求、さらには保護者のニーズ、地域の実態などが結びついて創造されるクロスオーバーな世界であるが、「保育の対象である子どもたちと、常に対話しながら展開される実践[3]」であるところにその特徴があるといえる。

ところで、近年、前述のごとく、望まれる専門職像としての「成長し続け、組織の一員として協働する保育士」をめざし、その専門性の１つとして、あくまでも子どもの様子を踏まえながら、批判的、反省的に保育実践を吟味したり評価したりする「ふりかえりの専門性」が唱えられている。そこでは、反省的実践家としての保育士が、「子どもがそうしているのは、私にはまだわからない何らかの（子どもにとっての）合理的理由があるのだ」と認識し、子どもの思考や行動は、保育者がすでに持っているフレーム（自明視している枠組みやものの見方・考え方、暗黙の理論）を超える可能性があることを前提に、自覚的、批判的に見直していくことが重視されている。また、「うまくいかなかった」場合（ミスマッチ）のみならず、「うまくいった」場合（マッチ）にもふりかえることが基本となっている。保育士と子ども（あるいはその保護者）との関係性が開かれたものか、権威主義になっていないか、自己防衛に陥っていないかなどを常に点検しながら、保育にあたることを大切にする[4]。こうした専門性は、保育者全体に共通するものであるが、保育実践のように、曖昧（あいまい）で、不確実で、即興性に基づく一回性の現実に向き合うような営みに対し、「常に『行為しながら考える』ことのできる柔軟で創造的な実践力量[5]」が求められるのである。

今堀美樹は、保育ソーシャルワークの視点から、保育所での保育実践において展開される保育内容と保育技術のなかに、ソーシャルワークの目的と機能を位置づけていくことの必要性を提案している。そして、日々の保育実践に意識的に取り組むことで、保育士は、「子どもに対して有効な働きかけができる……それはまた、保育を通してその背後にいる親とも有効にかかわり得る[6]」と述べている。また同様に、土田美世子は、保育所が子育て支援・保育を実践する際にソーシャルワークの視点・技術が必要であると論じている。そのうえで、目の前の子どもが示す行動をエコロジカルにとらえ、エコロジカル・パースペクティブに基づく保育実践を展開していくことの大切さを説いている[7]。これらの見解に見られるように、近年、保育ソーシャルワークという視点から、保育実践における保育内容、保育技術のあり方をとらえ直していく必要性が提唱されてきている。

2　保育ソーシャルワークと「保育所保育指針」「幼稚園教育要領」

ここでいう「保育ソーシャルワーク」とは、子どもと保護者の幸福のトータルな保障に向けて、そのフィールドとなる保育実践及び保護者支援・子育て支援にソーシャルワークの知識と技術・技能を応用しようとするものであるが(第２章参照)、従前から、保育学・教育学をベースとして、実践のなかに内在するものを理論化しつつ、よりよい保育実践を志向してきた保育界に対して、いかなる知見や手法、実践モデルをもたらすのであろうか。

保育界、特に保育所界にあって、ソーシャルワークが新たに注目されたのは、2008年３月に改定された厚生労働省「保育所保育指針」(厚生労働省告示第141号)の参考資料として同時期に取りまとめられた同「保育所保育指針解説書」が直接的契機となっている。すなわち、同文書は、保育所における保護者への支援に係って、(現状では) 主として保育士が「ソーシャルワークの原理 (態度)、知識、技術等への理解を深めた上で、援助を展開することが必要」である、と述べている。そして、対人援助職としての基本として、「保護者の受容」「自己決定の尊重」「個人情報の取扱い」の３つの原理 (態度) を掲げ、相談・助言の実際のあり様について触れている。ここでは、保護者支援、特に相談・助言におけるソーシャルワーク機能の有用性を明示しているものの、保育実践にもそれを敷衍(ふえん)すべきとまで述べているわけではない。しかしながら、鶴宏史も指摘しているように[8)]、1990年代以降、保育所におけるソーシャルワークの必要性が確認されるなかで、「保育所保育指針」においても、保育実践におけるソーシャルワーク的支援に関する記述を見てとることができるようになっている。

たとえば、保育所の役割について、「保育に関する専門性を有する職員が、家庭との緊密な連携の下に、子どもの状況や発達過程を踏まえ、保育所における環境を通して、養護及び教育を一体的に行うことを特性としている」などと述べているし、また、保育の方法について、「一人一人の子どもの状況や家庭及び地域社会での生活の実態を把握するとともに、子どもが安心感と信頼感を持って活動できるよう、子どもの主体としての思いや願いを受け止めること」、「子どもが自発的、意欲的に関われるような環境を構成し、子どもの主体的な活動や子ども相互の関わりを大切にすること」、「一人一人の保護者の状況やその意向を理解、受容し、それぞれの親子関係や家庭生活等に配慮しながら、様々な機会をとらえ、適切に援助すること」などと記している。ここでは、環境を通して行う保育や1人1人の子どもの状況把握と主体性の尊重、親子関係の支援などがキーワードとされているが、これらは、一般に“バイスティック（Biestek. F. P.）の7原則”と呼ばれる「個別化」（利用者を個人としてとらえる）、「意図的感情表現」（利用者の感情表現を大切にする）、「受容」（受け止める）などの援助専門職としての基本原理や、人間と環境との相互作用を重視する生態学的視点（エコロジカル・パースペクティブ）、所与の環境を改善するパワーを高めるエンパワメント・アプローチなど、ソーシャルワークの原理、視点と重なる部分が少なくない。さらに、保育の質的向上に向けて、“計画、実践、省察、評価、改善、計画”という循環を重ねながらの保育の展開や、保育課程及び指導計画に基づく保育士等による保育実践のふりかえりの重要性が唱えられているが、ここにおいても、ケースワークの過程としての「インテーク（受付）」「アセスメント（調査・診断）」「プランニング（目標・計画の作成）」「インターベンション（介入・実施）」「エバリュエーション（事後評価）」などに関する知識・技術を取り入れることで、さらに意識的・体系的な取り組みが期待できる。

前述の点は、文部科学省「幼稚園教育要領」（2008年3月。文部科学省告示第26号）においても同様である。すなわち、幼稚園教育の基本として、環境を通して行う教育や1人1人の発達の特性に応じた指導、計画的な環境の構成などが掲げられるとともに、子どものよりよい育ちを実現するような子育て支援が課題として提示されている。幼稚園教諭等にあっても、ソーシャルワークの知識と技術に精通することで、質の高い実践に向けての工夫につなげていくことができるのである。このように、「保育所保育指針」「幼稚園教育要領」の基本原則や内容を、保育ソーシャルワークとして理解し、保育実践に反映させていくことが求められている、といえよう。

3　保育ソーシャルワークと保育実践をめぐる課題

では、保育ソーシャルワークと保育実践をめぐる課題とは何であろうか。以下では、3点指摘しておきたい。

第1点は、保育ソーシャルワークという視点から、保育実践の概念をとらえ直していくということである。すでに述べたように、保育実践とは、子どもの心身の健やかな成長をめざして、１人１人の子どもと保育者との対話的関係のなかで創造されていくものであるが、近年、子どもの状況や家庭・地域社会の実態を把握するとともに、子どもの24時間の生活を視野に入れ、保護者の気持ちに寄り添いながら家庭との連携を密にして保育を行っていくことの必要性が提示されている。すなわち、子どもと保育者との二者関係にとどまらず、保護者を含めた三者関係を基本とした「保護者に対しても強い影響力を持つ保育[9]」あるいは「家族・地域を視座に入れた保育[10]」が求められているのである。まさしく、保育実践は、子どもの人間的発達に責任を持つ「保育」の実践として、保育者が保育現場で行う実際の保育活動のことをさすとしても、１人１人の子どもの生活全体を見据え、家庭・地域社会と連携・協働しつつ、広い視野に立った発達と生活の援助に取り組んでいくことが不可欠になっているといえるであろう。

第２点は、第１点と深くかかわるが、保育者の力量としての保育技術を、保育ソーシャルワークとの関係で位置づけていくということである。近年、ソーシャルワークやカウンセリング等を援用しつつ、保護者に対する保育指導の技術（保育指導技術）のあり方が議論されてきているが、保育技術はそれらと関係なく、単に、保育者が子どもに対して行う保育実技（たとえば、絵本の読み聞かせ、手あそび、ピアノの弾き歌い）をさしている、と理解されることが少なくない。しかし、当然のことながら、保育技術には「子どもとの関係をつくる技術[11]」も含まれているのであり、ここに、人間関係形成のための援助技術をはじめとするソーシャルワークとの接点がある。前出の今堀は、保育実践にソーシャルワークの目的と機能を位置づけるとともに、「保育内容における援助技術の問題としてソーシャルワークを捉えなおす必要がある[12]」と述べているが、大変重要な指摘である。ソーシャルワーク論を参考に、子どもとの信頼関係（コミュニケーションを含む）の構築や環境の構成、子どもと環境との相互作用、子ども同士の関係、親子関係の調整などに関する技術が深められることが望まれる。

第３点は、保育ソーシャルワークという視点から、保育実践についての事例研究（ケース・スタディ）をさらに深めていくということである。これまで保育界では、実践記録を活用した保育研究に代表されるように、保育場面における実例や事実に基づく実践的な研究が積み重ねられてきているが、隣接する諸科学（たとえば、医学、心理学、精神療法）の症例研究などと比べると、「その徹底振りや深化の度合い、研究としての成果の保持、継承、発展などの側面において大幅な立ち遅れを散見する[13]」という状況にあるのではないだろうか。もちろん、既述したごとく、保育者の仕事は、１人１人の子どもの個性と保育者の個性が結びついて多様な形で展開されるものであり、「勘やコツといった個人的センス・力量に依拠したものであるが故に、その意味を他者と共有することは極めて難しい[14]」といった側面が強く見られるものの、より丁寧で精緻な事例研究を展開していくなかで、個人的レベルにとどまらない共有財産としての「実践知」が集積されることが必要である。記録と省察などに係るソーシャルワークの知見がこうした取り組みに寄与することが期待される。

おわりに

しかしながら、保育現場は多忙そのものである。近年、子育ち・子育ての環境が厳しくなり、業務内容が多様化・複雑化するなかで、保育者の疲弊感が従前にも増しているという指摘がなされている。その背景にあるものが、保育者を取り巻く労働環境の厳しさであることは論を待たない。たとえば、保育所では、拡大された各種保育サービスに合わせた勤務体制（非正規職員の増加、複雑な時差勤務）のため、職員が一堂に会して園内研修を行うことが困難になっている。また、現任保育士に対する研修体制も、法的な整備を含め、不十分なまま今日に至っている。こうした状況にあって、保育者がゆとりを持って事例研究に取り組むためにどうすればよいかを考えていくことが大切である。保育者の免許・資格、養成・研修体制、労働条件の抜本的見直しをはじめ、ほんのわずかな時間の効率的活用や保育者養成施設・保育学研究者との協働、園（所）長、主任・中堅保育者をリーダーとするピアスーパービジョン、スーパービジョン、園内研修体制の整備確立など、課題は山積（さんせき）している。

演習問題

1．保育実践とは何か、また、今、何が求められているかについて整理してみよう。
2．保育ソーシャルワークから見た保育実践のあり方について考えてみよう。
3．質の高い保育実践を支える条件・環境とはいかなるものかについて話し合ってみよう。

注

1） 全国保育士養成協議会『保育士養成資料集』第44号、2006年、137-141頁。「反省的

実践家」について、教師論・教育実践論においても同様の議論が展開されている（参照：佐藤学『教育方法学』岩波書店、1996年、他）。

2）　保育小辞典編集委員会編『保育小辞典』大月書店、2006年、298頁（宍戸健夫執筆）。

3）　加藤繁美「時代が求める保育実践の質と保育者の実践力量」、垣内国光・東社協保育士会編『保育者の現在　専門性と労働環境』ミネルヴァ書房、2007年、121頁。

4）　注１）に同じ。

5）　注３）に同じ。

6）　今堀美樹「保育ソーシャルワーク研究――保育士の専門性をめぐる保育内容と援助技術の問題から――」『大阪キリスト教短期大学紀要／神学と人文』第42集、2002年、188頁。

7）土田美世子「エコロジカル・パースペクティブによる保育実践」『ソーシャルワーク研究』第31巻第４号、相川書房、2006年、36-37頁。

8）　鶴宏史『保育ソーシャルワーク論　社会福祉専門職としてのアイデンティティ』あいり出版、63-92頁。

9）　石井哲夫「私説　保育ソーシャルワーク論」『白梅学園短期大学　教育・福祉研究センター研究年報』第７号、2002年、１頁。

10）　鶴前掲書、18頁。

11）　森上史朗・柏女霊峰編『保育用語辞典〔第５版〕』ミネルヴァ書房、2009年、294頁（加藤繁美執筆）。

12）　今堀前掲論文、190頁。

13）　岡本民夫「実践的研究法としての事例研究」、岡本民夫・平塚良子編著『新しいソーシャルワークの展開』ミネルヴァ書房、2010年、29頁。

14）　加藤前掲論文、122頁。参照：神田英雄「保育を創る視点と実践」、神田英雄・村山祐一編著『保育とは何か――その理論と実践』新日本出版社、2009年。

参考文献

伊藤良高『新時代の幼児教育と幼稚園――理念・戦略・実践――』晃洋書房、2009年。

伊藤良高・中谷彪・北野幸子編『幼児教育のフロンティア』晃洋書房、2009年。

吉田眞理『生活事例からはじめる社会福祉援助技術』青踏社、2009年。

第4章 保育ソーシャルワークと保護者支援・子育て支援

はじめに

近年、わが国では社会状況や家族形態の変化に伴い、核家族化や子育て家庭の地域とのつながりの希薄化などを背景に、子育てが孤立化し、子育てに不安感や負担感などを持つ保護者が増加している。このような背景から、保育所、幼稚園、児童福祉施設等保育施設及び保育士、幼稚園教諭等保育者には、保育施設に入所（園）している子どもの保護者及び地域の子育て家庭に対する保護者支援・子育て支援が求められるようになった。つまり、保育施設は地域における子育て支援拠点としての役割を担うとともに、保育者は保護者の子育てに関する相談・支援の実践者としてソーシャルワーク機能を用いた援助を行うことが期待されている。

そこで、本章では、保育施設及び保育者が担う保護者支援・子育て支援の制度的動向を示すとともに、今求められる保護者支援・子育て支援に保育ソーシャルワーク実践がどのように結びついていくのかを検討するものである。

なお、本章における保育ソーシャルワークとは、便宜上ではあるが「保育施設及び保育者が保育並びに社会福祉専門職としての専門性を生かして、子育て家庭のニーズと社会資源との関係調整を図ることを目的に相談・支援にあたり、保護者の生活課題や問題を解決・軽減し、主体的で自立した生活を送ることができるように援助すること」と定義しておく。

1 保護者支援・子育て支援の動向とソーシャルワーク機能を重視した支援の必要性

保育施設及び保育者による保護者支援・子育て支援については、これまでも行われてきた。それは、意図的、計画的なソーシャルワーク実践のプロセスに沿った相談・支援というよりも、保育者のこれまでの経験や知識を生かした、保護者に対する子育てに関する相談である。地域における子育て支援（以下、地域子育て支援と略）に関する調査研究報告書によれば、1994年のエンゼルプラン策定以降、保育所には、地域に存在するもっとも身近な児童福祉施設として、地域子育て支援の役割がより積極的に求められるようになった。地域における子育て支援は、1995年から国の特別保育事業としての地域子育て支援センター事業へと発展していく[1)]。

その後、2001年11月に児童福祉法が一部改正され、2003年11月から施行されたことにより、保育士資格が国家資格となり、同法第18条の4で保育士に求められる保護者支援業務が規定された。規定では保育士の援助対象を子どもだけでなく、保護者に対する保育指導を保育士の重要な業務に位置づけている。さらに、同法第48条の3では、地域子育て支援[2)]を行うことと明記され、保育士は子ども家庭福祉領域におけるソーシャルワークの担い手として、社会福祉の専門職に保育士が加えられたと考えることができる[3)]。

また、2003年8月、厚生労働省[4)]「次世代育成支援施策のあり方に関する研究会」によって「社会連帯による次世代育成支援に向けて」がまとめられ、子どもや子育て家庭への支援のあり方について示された。そこでは、保育所を中心とする保育施設が地域の子育てを支え、助ける存在として地域に開かれたものとなるとともに、家庭の子育て力の低下を踏まえソーシャルワーク機能を発揮していくことが必要であると明示され、保育施設及び保育者が子育て支援を行う際には、ソーシャルワーク機能を用いて支援にあたることが必要であると理解できる。

さらに、2008年3月、「保育所保育指針」（以下、保育指針と略）の第3次改定が行われ、2009年4月から施行された。保育指針では、第6章「保護者に対する支援」のなかで、保育所及び保育士の役割として、1「保育所における保護者に対する支援の基本」、2「保育所に入所している子どもの保護者への支援」、3「地域における子育て支援」が示された。これまでの指針と違い、新しい保育指針は児童福祉施設最低基準第35条に基づいて厚生労働大臣の告示[5)]となったことにより、保育施設は保育指針に沿った保育を実施することが求められている。

保育指針の施行に先駆け、2006年12月、改正教育基本法が公布・施行され、第2条（教育の目標）のほか、第10条（家庭教育）、第11条（幼児期の教育）が新設された。これを受けて、2007年6月の学校教育法改正では、同法第23条で幼稚園に「家庭及び地域における幼児期の教育の支援に関する努力義務」が規定された。これらをみると、子どもに関連した制度改正が保育指針に影響を与えていると考えることができる[6)]。このように、児童福祉制度の改正や保育指針の内容からも、保育施設及び保育者が保護者支援・子育て支援の中核を担うことが求められており、ソーシャルワーク機能を十分理解したうえで支援を行うことの重要性が指摘できよう。

2 保護者支援・子育て支援と保育ソーシャルワーク実践

では、保育施設における保育ソーシャルワークの担いては誰なのであろうか。現在、保育施設で保育ソーシャルワークの中核を担うと考えられるのが保育者である[7)]。そこで、保育者には保育に関する専門性と社会福祉専門職としての知識が求められている。それを受けて、保育ソーシャルワーク実践を見てみると、大きく分けて２つの相談・支援があると考えられる。

１点目は、保育者が保育専門職として、保護者や子育て家庭が抱える子育て問題の相談・支援を行うことである。これは、保護者が子どもとの関わり方に不慣れである、子どもの養育に関する知識が不足している、あるいは育児不安などで子どもとの関わりを拒否するような場合、保育者が保育の専門技術を用いて保護者支援・子育て支援を行うことである。つまり、保育者がこれまで保育現場で培った保育の知識や技能、保育者固有の専門性を生かした子育てに関する相談・支援である。

２点目は、対象は保護者であるが、保護者自身の生活問題や課題によって子どもの養育や子どもの発育発達に問題が帰する場合、家庭全体の問題解決を目指した相談・支援である。たとえば、保護者の離婚や経済的困窮などで生活問題を抱えることにより、保護者自身が子どもの養育に困難を感じる場合などがそれにあたる。このような場合、保育者は家庭生活の問題や課題を明らかにしたうえで、問題の解決にあたる必要があり、家庭全体を視野にいれた支援が不可欠である。つまり、本来の保育の専門性以外に社会福祉専門職としてソーシャルワークの知識を生かし、他の関連機関との連絡調整や各種サービスに関する情報提供などの支援が求められる。このように、保育ソーシャルワークの実践における保護者支援・子育て支援では、保育とソーシャルワークの双方の専門性を高める必要があるといえる。

では、実際に保育者がソーシャルワークを実践する場面として考えられるのが、保育施設、地域子育て支援センター、児童館、子育てサークルなどである。たとえば、保育施設での子育て相談の場合、「ケースワーク（個別援助技術）」による支援が有用であろう。育児不安を持つ母親の子育てに関する悩みや、子どもの気になる行動（発達障害など）など、子育て上での不安や解決したい問題に対して、子ども自身や家族だけで解決できない場合、保育に関する専門知識を持つ保育者がケースワークの知識や技術を用いた相談・援助を行うことで問題解決を図ることが期待できる。特に子どもや子育てに関する相談では保育や子どもの発育発達について専門的な知識を有する保育者が支援にあたることで問題解決にもつながりやすいと考えられる。ケースワークは、個人と家族に個別的に関わると同時に、社会資源の提供を通じて、家族関係や社会関係の調整を行うことで、解決すべき問題や課題の改善を目指すものであることからも、その有用性は理解できる。さらに、ケースワークでとらえられた問題や課題をグループワークへとつなげ、援助の展開を図る役割もある。

次に、地域子育て支援としてグループワーク（集団援助技術）が用いられることも多い。保育施設、子育て支援センターなどで子育てサークルを設け、地域の引きこもりがちな子育て家庭や育児に悩む保護者など、何らかの共通点を持った保護者が集いグループの交流や相互作用を通じて、互いを支え合い個々の問題解決につなげていくのがグループワークである。たとえば、保育所や幼稚園に通う障害児の保護者が子育ての悩みや、子どもの療育上の不安を持つ場合など、同様の悩みを抱える保護者が集まり、それぞれの課題を解決することを目的にグループワークが行われる。グループワークでは、保育者が全てを取り仕切る存在ではなく、主体はグループメンバーであり、メンバーが主体的に活動に参加できるように援助することが重要である。また、山本真美[8)]は、グループワークの役割の１つとして、「個人に焦点をあてたケースワークと、地域という面のなかでのコミュニティワークへと発展させていくための間をつなぐ役割」を担うと指摘している。つまり、保育ソーシャルワークの可能性として、ケースワークによる個別の援助活動から、グループワークによる集団の援助活動へとつながり、さらに、地域を視野に入れたコミュニティワークへとつながっていくことも期待できる。

では、保育者によるコミュニティワークを用いた支援とはどのようなものであろうか。地域子育て支援では、地域のニーズをとらえ、地域に存在する子育て問題に対応するために、地域の関連機関（各種福祉施設、小学校、地域住民、行政など）を交えてのネットワーク作りが必要であり、保育施設が地域の子育て支援のためにコミュニティワークの機能を用いて地域に働きかける役割を担うことは、前述したケースワークやグループワーク活動を基盤としてより機能的に支援を広げることができる[9)]。これまでの活動から見出された地域の子育てニーズや子育て家庭の生活問題に応じ、保育所や幼稚園、その他子育て支援に関わる施設が中心となり、地域住民や他の関連施設と連絡調整をしながらともに活動する過程のなかで、住民の連帯意識が醸成され、活動を通じて地域で子育てを担うといった意識が芽生えてくるのである。また、子育て家庭の表面に出ない「子育て問題や家庭の生活問題」をいち早く発見し支援することにより、児童虐待の防止にもつながると考えられる。そのためにも、地域の子育てニーズなど地域社会の診断を積極的に行うことも必要である。このような地域社会における子育て支援活動や関連機関とのネットワーク作りが、いわゆるコミュニティワークであり、その役割を担う中核施設となるのが保育施設であり、その実践者が保育者といえよう。

3　保護者支援・子育て支援と保育ソーシャルワーク実践の課題

保護者支援・子育て支援について保育ソーシャルワークが有用であることは先述してきた。しかし、現状を鑑(かんが)みた場合、適切な運用がなされているかは疑問である。たとえば、筆者のフィールドワーク実践において現場の保育者と関わりを持つなかで、保育者は保護者支援や地域子育て支援を実践しているが、それはあくまでもこれまでの子育て経験や保育の知識と専門技術を生かした保育指導や保育相談であり、支援の結果を振り返るとケースワークとも呼べる支援であったという程度で、ソーシャルワークの原理原則を踏まえたうえで意図的、計画的な支援が行われているとはいい難い。このような状況を踏まえて、保育ソーシャルワーク実践の課題を３点指摘したい。

第１に、保護者や地域の子育て家庭が求めるニーズを正しく把握することである。現在、保護者支援や地域子育て支援がほとんどの保育施設で実践されている。しかし、対象者となる保護者や子どものニーズを正しく把握し、支援が行われているとはいい難い。保護者からの相談など表明されたニーズや保育施設や保育者が考える保護者のニーズに対する支援は可能となるものの、保護者から表明されないニーズには対応できていない状況である。今後は、表明される保護者からのニーズを待つだけでなく、保護者や地域で子育て中の家族に対する子育て支援のニーズ調査などを通じて、積極的にニーズをとらえる工夫や配慮が必要であろう。

第２に、保育者への支援及び保育施設での教育システムの構築が必要である。保育者には、これまでの子どもの保育から、保護者支援・子育て支援の主な担い手として、その役割と責務が増大している。保育者の日々の業務は煩雑で多忙であり、そのうえでなおも保護者支援・子育て支援が求められているのである。バーンアウト[10)]対策やリカレント教育、保育者の立場や知識・技術に応じたソーシャルワーク実践の役割分担（システム構築）、さらに、現場での教育システムの構築も必要であろう。つまり、保育者が期待される役割を遂行するためには、保育者自身の支援とソーシャルワークの再教育が不可欠といえる。

第３に、保育ソーシャルワーク専門職の育成である。全ての保育者が保育ソーシャルワークを実践することは困難であり、適切な保護者支援・子育て支援を恒久的に行うためには、その専門的知識と技術を有する専門職が必要となろう。そのためには、保育に関する専門知識だけでなく、社会福祉専門職としての知識と技能を有する保育者が求められる。そういった意味からも、保育ソーシャルワーク専門職の育成に関する検討が求められる。

おわりに

最後に、保育者がソーシャルワーク技法を有効活用し保護者支援・地域子育て支援を実践する際の留意点を述べておきたい。それは、保育者がソーシャルワークの技術的な面だけに留意するのではなく、まずは保護者の思いや感情に真摯に耳を傾け、共感し受容すると言うことである。それにより、保育者と保護者には信頼関係が構築され、より良い支援とつながることを忘れてはならない。そのためには、保育者が保育やソーシャルワークの専門性を高めると同時に、コミュニケーションスキルの向上を目指すことも重要である。

演習問題

1．保育ソーシャルワークを用いて、保護者支援・子育て支援を行う際に留意する点を考えてみよう。

2．保護者との信頼関係を構築するため必要なスキルを整理してみよう。
3．保育ソーシャルワーク実践上の課題を考えてみよう。

注

1）日本保育協会『平成21年度地域における子育て支援に関する調査研究報告書』(http://www.nippo.or.jp/research/pdfs/2009_04/2009_04.pdf 情報取得2010年7月10日)。
2）子育て支援事業の内容としては、①保護者からの相談に応じ、情報の提供及び助言を行う事業、②保育所等において児童の養育を支援する事業、③居宅において児童の養育を支援する事業が挙げられる。
3）新川泰弘「トランスセオレティカルモデルを活用した保育ソーシャルワーク研修の試み」『日本図書文献学会研究紀要』第6号、2007年、112頁。
4）厚生労働省『社会連帯による次世代育成支援に向けて——次世代育成支援施策の在り方に関する研究会報告書のポイント——』(http://www.mhlw.go.jp/topics/bukyoku/seisaku/syousika/030807-1.html 情報取得2010年7月10日)。
5）告示とは「国や地方公共団体が、ある事項を一般の人に広く公式に知らせること」をいうが、これにより、一般に、保育所保育指針の内容は保育所における最低基準として規範性を持つこととなった、と解されている。
6）柏女霊峰・橋本真紀『保育者の保護者支援——保育指導の原理と技術』フレーベル館、2008年、36頁。
7）保育者の職位や学歴、経験年数などによって担う役割は違うと考えられるが、現在の保育施設において、保育ソーシャルワークの主体は保育者、主任、所（園）長などである。今後は、保育士資格を持った社会福祉士や大学院教育を受けた保育者などがその主体となるとも考えられる。
8）山本真美「保育所機能の多様化とソーシャルワーク」『ソーシャルワーク研究』第26巻第3号、2000年、193-200頁。
9）桐野由美子編『保育者のための社会福祉援助技術』樹村房、2006年6月、87頁。
10）『社会福祉用語辞典』（5訂中央法規出版編集部編、中央法規、2010年）によれば、バーンアウトとは、「自らの理想を求め悩みながら努力した結果、不満足感、疲労感、失敗感をもつに至ったもので、自己嫌悪や無力感、人への思いやりの喪失に陥ること」と説明されている。

参考文献

相澤譲治他編『新版 保育士をめざす人のソーシャルワーク』みらい、2005年。
伊藤良高『新時代の幼児教育と幼稚園——理念・戦略・実践——』晃洋書房、2009年。

伊藤良高・中谷彪・北野幸子編『幼児教育のフロンティア』晃洋書房、2009年。
小林育子・小舘静枝編『〔改訂２版〕保育者のための社会福祉援助技術』萌文書林、2009年。
鶴宏史『保育ソーシャルワーク論——社会福祉専門職としてのアイデンティティ——』あいり出版、2009年。
保正友子編『保育士のための福祉講座　ソーシャルワーク』相川書房、2008年。

コラム1

▶保育現場から見たソーシャルワーク

――どの子どもにも嬉しい保育、どの保護者にも嬉しい援助を――

保育現場におけるソーシャルワークの重要性

障がいのある子どもやかかわりの難しい子どものいる保育園では、さらに十分な配慮のもとに、家庭との連携を密にし、保護者との相互理解を図りながら適切に対応することや、専門機関・関係者との連携を図り、必要に応じて助言等を得ることが求められる。また、ほかの子どもや保護者に対して、障がいに対する正しい知識や認識ができるように支援していくことが大切である。その際、必要に応じて保護者に対する保育指導（なかでも個別支援）を行うなど、保育の知識や技術に加えて、これまで以上に、ソーシャルワークの視点や働きかけが必要になってきている。

しかしながら、保育現場にソーシャルワークの理論や手法がそのまま導入され、保育の一部がそれらにとって代わられるとすれば、その部分だけ異質な保育（活動）になってしまうことも想起される。従って、援用すべき理論や手法を保育の視点から、十分に読み解きながら取り入れていく力量が不可欠である。また、障がいや発達上の課題が見られる子どもの保護者に対する支援においても、ソーシャルワーカーとしてではなく保育士として、これまで培ってきた知識や技術、保育所保育の専門性を中心としながら、日常的なかかわりのなかで自然な形で援助活動を展開していくことが大切である。

自閉症児のＡ君とその保護者とのかかわりを通して学んだこと

自閉症児のＡ君は、現在、地域の小学校に通っている。０歳で入園したＡ君は、２歳の頃からだんだんとほかの子どもとは少し違う行動が顕著になり、特別な配慮がより一層必要になった。３歳になっても、ほかの子どもたちとのかかわりはほとんどなく、自分のしたいことや思いがかなわないと、パニックになったり、ほかの子どもを咬（か）んだりといった行動が多く現れてきた。ただＡ君のことをよく理解し、信頼関係のできている保育士が一緒であれば、そのパニックも早くおさまり、安心して活動に参加し、その保育士を介してほかの子どもとも何らかのかかわりを持つことができた。４歳になると、少しずつ自分を出すことができるようになって、ほかの子どもを咬まなくなり、ほかの子どもへの関心が少しずつ広がっていった。今までＡ君を避けてきた子どもたちも、Ａ君のお世話をしてくれるようになり、クラスでの活動のいくつかは、一緒にできるようになった。年長児になり、Ａ君自身は成長してきたが、年長児としての活動はより難しくなり、自分がやりたくない活動のときは保育室から出ていき、職員室で過ごすこともあった。しかし、これまでＡ君の障がいに伴う行動を個性として全面的に受容しながらかかわってきたことや、Ａ君自身に自己決定をさせながらかかわってきたこと、信頼できる保育士の存在があったことが、年長児としての行動に、いやだけど我慢して参加するということにつながり、クラスのなかに自然に溶け込めるようになっていった。さらに、父親自身の親としての成長や園に対する信頼感の形成に伴い、父親がＡ君の障がいを認め、専門機関に通うようになる、というわが子に対する見方やかかわり方の変化が、Ａ君の成長に大きな影響を与えた。

７年にわたるＡ君の保育園生活を振りかえってみると、担当保育士とＡ君のかかわりや全職員のＡ君へのかかわり、Ａ君の保護者に対する保育指導、子ども同士のかかわり、保護者同士のかかわり、職員間の連携、小学校や専門機関との連携のなかに、ケースワーク、グループワーク、コミュニティワーク、スーパービジョンといったソーシャルワークの原理や知識、技術が、無意識に、いわば経験と勘により、保育実践及び保護者支援のなかで展開されてきた。しかし、これからは、保育現場におけるソーシャルワークの重要性を踏まえ、園内・園外の研修を通して、組織的・計画的に全職員が学び、理解したうえで、意識的にソーシャルワーク実践に取り組んでいく必要があるように思われる。

日頃の保育、保護者支援のなかに、ソーシャルワークの理論や手法が保育所保育の専門性として援用され、うまく溶け込んだ形で生かされたとき、どの子どもにとっても嬉しい保育、どの保護者にとっても嬉しい援助となり、子どもの成長発達により良い影響を及ぼすのではないだろうか。そこに、保育の醍醐味（だいごみ）があるように感じられる。

第５章 保育ソーシャルワークとカウンセリング

はじめに

第２章では、保育ソーシャルワークの定義とその概要について述べられているが、保育ソーシャルワークにおけるカウンセリングの位置づけは、保護者に対する相談援助の技法が中心となると思われる。近縁概念としての「子育て支援」は第４章で論じられている。したがって、本章ではカウンセリングの定義と、保育現場における実践上の問題点、保育ソーシャルワークとの関係性について論じていきたい。

1　カウンセリングとは何か

國分康孝によれば、カウンセリングは「言語的および非言語的コミュニケーションを通して、相手の行動の変容を援助する人間関係である」と定義される[1)]。一般にカウンセリングというと、悩みを相談して、カウンセラーがアドバイスしてくれるイメージが一般的である。しかし國分の定義にしたがえば、相談者の行動を変えるカウンセリングには、主に３つの主流の立場がある。まず来談者中心療法という立場では、悩みに対する答えは悩んでいる本人の心の中にあると考える。したがってこの立場のカウンセラーはアドバイスをするというより、ある意味で懐の深いお母さんのような関わり方をし、相手の話を受け入れることに力を入れる。そのため、時に手応えがないような曖昧な面接になることもあるが、順調にいった相談者は、話をいろいろ聴いてもらううちに自ら突破口となる思考に至り（洞察（どうさつ）という）、行動が変化する。また、精神分析という立場では、相談に来た人に自由な連想を話させたうえで治療者が悩みの原因について「解釈」する。たとえば「あなたの悩みの原因は、小さい頃の○○の経験ではないですか」といった説明の仕方をすると、相談者は現在の悩ましい症状と過去の経験とのつながりを理解することで、いわば「腑に落ちて」すっきりし、悩んでいる症状が軽減することがある。しかし症状に変化がない場合もあり、面接が長期にわたるために、治療への経済的負担が大きくなる。最後に認知行動療法の立場では、ものの見方（＝認知）を変えれば悩みや症状が軽減すると考える。特に、うつ病や恐怖症などに効果を発揮する。世界的にみると、認知行動療法の立場が主流となりつつある。それはこの立場が、治療効果がある程度の科学的根拠にもとづいていることと、面接回数が少なくてすむことが大きな要因である。相談者の行動の改善を最も分かりやすい形で提示できることも、この立場の有利な理由である。また、実証的根拠が伴った臨床心理学の構築が叫ばれる風潮も背景にある[2)]。これら３つの主流となる理論が生まれたのちに、多くの理論の長所を取り込んで多様なアプローチでカウンセリングを行う折衷的立場として「マイクロ・カウンセリング[3)]」という考え方も生まれている。同じく折衷主義の立場にピア・ヘルピング[4)]があり、保育者でいえば「同僚同士のカウンセリング」という視点を提供してくれる。わが国のカウンセリング分野は過渡期にあり、今後どのような方向性を示すのか興味深い現状にあるといえる。

次に、保育現場で提唱される「カウンセリング・マインド」とはどのようなものだろうか。小中高のスクールカウンセリングで提唱されてきた「カウンセリング・マインド」は、来談者中心療法をベースとした「受容」「共感」「純粋性」という、いわゆる３原則であろう。３つ目の「純粋性」は若干の説明がいるだろうが、要は保育者や教師等、子どもと多く関わる大人が「タテマエではなくホンネで接する」というものである。しかし、この３原則だけでは現実の保育・教育現場では難しい面がある。「カウンセリング・マインド」がこのような「心構え」だとするならば、子どもと向き合う場合には「どうするか」というテクニカルな面が必要になる。つまり、カウンセリング・スキル（技術）が伴わなくては実践に役立たない。石川洋子は、「子育て支援カウンセリング」という枠組みのなかで、カウンセリングに必要なスキルとして、①言語・非言語的メッセージ、②傾聴の力、③リレーション（信頼関係）の構築、④相手の感情へのリフレクション（鏡となること）、⑤質問力を高めて自己理解を深めること、⑥「わたしメッセージ」の６点を挙げている[5)]。最後の「わたし（I）メッセージ」は、「あなた（You）メッセージ」と対比される。なかなか言うことを聞かない子どもに対して「ちゃんとしなさい！」というのが「あなたメッセージ」で、「私はあなたが言うことを聞いてくれなくて悲しい」という伝え方を「わたしメッセージ」という。つまり、大人であるわれわれは、できるだけ「私は○○なんだ！」という感情表出をした方が、子どもたちの中に言葉が入りやすいという考え方である。そこから保育者あるいは保護者と子どもとの関係の何かが変わるという発想をする。

現在わが国では、カウンセリングのあり方そのものが問い直されている。特に、専門のカウンセラーには集団をまとめる力に乏しい面があり、そうした研修がほとんどないといってよい。しかし保育や教育の分野では、子どもたちの集団をまとめる力は必須である。こうしたニーズに対し、構成的グループエンカウンターという、集団におけるリーダーシップをトレーニングする方法もある[6)]。カウンセリングは万能ではなく、保育現場にあった応用の仕方を考える時期に差し掛かっているといえる。

2 カウンセリング・マインド実践の現状

さて保育現場では、カウンセリング・マインドをもって業務に取り組むという実践がどの程度行われているのだろうか。保育者養成校では、カウンセリングに関係する科目が課されているが、実際の現場での取組みについて、石川洋子らは、保育者121名への調査をもとに、カウンセリングの技術を必要と感じる場面が、特に保護者との関わりにおいて多かったと述べている[7)]。井上清子らは、保育士570名に調査し、保育者が現場で問題を抱えて相談する相手として同僚や先輩が多いこと、カウンセリング研修会への参加率は５割程度であったが、参加できない理由として「情報がない」ことと「時間がない」ことが多かったと述べている[8)]。さらに井上清子らは幼稚園教諭593名へ調査を行い、保育士への調査と同様の傾向を見出したうえで、保護者対応に困難を覚えながらも、興味・関心はあるが、研修会等に参加する時間的なゆとりがないため、同僚同士でいわゆるピア・カウンセリングを行いながら日々を送っている保育者が多く存在するという[9)]。これは現状の保育者が抱える問題を内包しているといえないだろうか。時間的な面だけでなく、保育者の給与は相対的に低い。この傾向は、特に私立の保育所や幼稚園で勤務する保育者に顕著である。

保育者を含めた教育・福祉現場で働く人々は、カウンセリング・マインドをはじめとしたトップダウンで提唱される様々な理念と、厳しい職場環境や労働条件ゆえに十分な実践ができない現実との間でジレンマを抱えているように思う。これまで紹介した調査結果や他の資料を概観しても、その辺りのジレンマについての現場の声があまり反映されていないようである。筆者は、現場で保育者が抱える実践上の悩みについて何かの資料を得たいと考え、実際の保育現場におけるカウンセリング・マインドの実践状況について把握するべく、無記名にて簡易アンケート調査を実施した。調査期日は2010年8月～9月、調査回答者は地方都市の保育士および保育所関係者（調理師・事務職員など）45名である（女43名、男2名）。年齢構成は、20歳から64歳であった。勤務年数は、1年から32年であった。勤務年数は現在保育士ではない場合、これまでの経験年数を記入した。所属施設は全て保育所であり、その運営形態は、私立保育所31名、公立保育所6名、私立・公立保育所1名、無認可保育所（院内保育など）3名、その他保育関連事業等3名であった。

次にそれぞれに対し、**表5－1**に示す質問を行った。

①の「カウンセリング・マインドの実践状況」について、現場実践が「できている」と回答したのは25名、「できていない」と回答したのは16名であった。実践できていると答えた人が記入した具体的場面をKJ法（記述データの分類方法の1つ）によって分類すると、多かった順に「保護者への気配り」「同僚に相談しやすい職場」「子どもへの気配り」「子ども・保護者双方への気配り」の4つのカテゴリーがあった。次に「できていない」と回答した人が記入した理由は、「職場環境と労働条件がよくないため」「自分の気持ちの問題」の2つのカテゴリーがあった。

②の「保護者対応で困ること」は、多い順に「自己中心的な親との対応が大変」「子どもの問題を親に伝えるときの言葉づかい」「子どもとの時間を優先してくれないこと」という3つのカテゴリーがあった。

表5－1　簡易アンケート調査の質問内容

①カウンセリング・マインドは現場で実践できていると思いますか？（はい・いいえ）
⇒「はい」と答えた方にお聞きします。それは具体的にどのような場面ですか。
⇒「いいえ」と答えた方にお聞きします。実践するためには何が必要だと思いますか。
②保護者の方々と対応する上で、困った事例について、差し支えない範囲でお答え下さい。
③保育者の労働環境や条件について悩みや改善してほしいと思うことはありますか。

③の労働環境や条件への要望では、多い順に「保育者数をもっと増員してほしい（特に常勤職員）」「給与・労働条件を改善してほしい」「子どもの環境をもっと改善してほしい」「ベテラン保育士を大切にしてほしい」「現状維持だけでよい（変に今の制度を変えないで）」という５つのカテゴリーであった。

3 保育ソーシャルワークとカウンセリングの接点

以上のように保育者は多くの悩みを抱えつつ、保護者、子どもおよび同僚との折り合いをつけながら、時にはカウンセリング的技法を用いつつ、保育業務にあたっていると思われる。保育ソーシャルワークが、いわゆる家庭生活をも視野に入れた包括的な子どもへの援助を表すとすれば、カウンセリングはそこに含まれる対人援助技法の１つにすぎないかもしれない。しかしカウンセリング的な対応は多くの困難な対人的状況の突破口になることも多く、その重要性は疑う余地がない。その一方で、保育現場でカウンセリング的対応が十分に実践されるためには、保育者を心身ともに“ゆとりある援助者”たらしめる職場環境の整備が必要である。労働量に見合った給与水準、カウンセリング等研修への参加を可能とする適切な人員配置など、現場の保育者から伝わってくる問題点の指摘は少なくない。保育者が自らの職場環境の向上を目指すことは１人ではなかなか難しいが、たとえば「産業カウンセリング」といった立場では、職場における精神衛生状態の向上を重視し、様々な取り組みが提唱されている。まずは、こうしたものの見方を吸収しつつ、保育者が自分の立場を見直すことも、効果的な対人援助を行う際の土台となるだろう。もちろんそれらの問題を解決していくためには、制度的な見直し等、国レベルの取り組みが必要である。しかしそうした大きな社会的変化を受け身的に待つよりも、まずは保育者自らが抱えている職場環境における問題を少しずつ解決し、必要であれば何らかの形で社会に対して現場の声を発信していくという積極的な姿勢が必要である。

おわりに

カウンセリングは保護者や子どもたちの行動を望ましい方向に変えていく方策の１つであるが、まずは保育者自身が変わっていく姿勢をもち、子どもたちや保護者の手本となることを提案したい。そのとき、保育者の言葉や人間性は、強い説得力をもって相手に響くのではないだろうか。ただし、こうした取り組みを１人で行うのはなかなか困難な面があり、できれば職場での同僚間で支え合える環境の整備が望ましいだろう。また、全く不満のない職場環境の実現は現実に難しいかもしれないが、保育者が自らの労働環境に対する不満をある程度解消できるシステムを構築しなければ、保護者や子どもたちの悩みや不満をしっかり受け止める保育者はなかなか育たないと考えられる。厳しい労働環境であっても、先のアンケートで「向上心をもって、もっとカウンセリングの勉強等をしなければ」と述べる保育者の存在は貴重である。このような意欲ある保育者の取り組みが反映されるような保育制度の充実を望みたい。

演習問題

1．カウンセリングについて自分の考えをまとめてみよう。
2．保育現場で保護者と対応する際の留意点を考えてみよう。
3．「ゆとりある保育」を実現するには何が大事か考えてみよう。

注

1）　國分康孝『カウンセリングの理論』誠信書房、1980年、５頁。
2）　丹野義彦『エビデンス臨床心理学――認知行動理論の最前線――』日本評論社、2001年、173-200頁。
3）　アレン・E. アイビィ著、福原真知子・椙山喜代子・國分久子・楡木満生訳編『マイクロカウンセリング――“学ぶ―使う―教える”技法の統合：その理論と実際――』川島書店、1985年。
4）　ロバート・R. カーカフ著、國分康孝監修『ヘルピングの心理学』講談社、1992年。
5）　石川洋子『子育て支援カウンセリング――幼稚園・保育所で行う保護者の心のサポート――』図書文化社、2008年、38-47頁。
6）　國分康孝・片野智治『構成的グループ・エウンカウンターの原理と進め方――リーダーのためのガイド――』誠信書房、2001年。
7）　石川洋子・井上清子・会沢信彦「子育て支援とカウンセリング（1）――保育者のカウンセリングに対するニーズを中心に――」『文教大学教育学部紀要』第39集、2005年、58頁。
8）　井上清子・石川洋子・会沢信彦「子育て支援とカウンセリング（2）――埼玉県内の保育所を対象とした調査から――」『文教大学教育学部紀要』第40集、2006年、27-28頁。
9）　井上清子・石川洋子・会沢信彦「子育て支援とカウンセリング（3）――埼玉県内

の幼稚園教諭を対象とした調査から――」『文教大学教育学部紀要』第41集、2007年、67-68頁。

参考文献

國分康孝『カウンセリングの技法』誠信書房、1979年。
國分康孝『エンカウンター』誠信書房、1981年。
富田久枝・杉原一昭編著『保育カウンセリングへの招待』北大路書房、2007年。
日本産業カウンセラー協会編『産業カウンセリング入門』日本産業カウンセラー協会、1998年。

コラム２

▶保護者が望む子育てに関する相談・助言

様々な「相談・助言」に関する取り組み

子育て中の人なら誰しも一度は自分の子育てに不安や悩みを抱くだろう。そんな悩みに答える情報誌やインターネットのサイトも巷（ちまた）にはあふれている。内閣府の「少子化対策に関する特別世論調査」（2009年）によれば、子を持つ親にとってあればいいと思う地域活動として、６割の人が「子育てに関する悩みを気軽に相談できる活動」を挙げており、社会全体として子育てに関する相談・援助等の必要性が高まっていることがわかる。現制度においても「相談・助言」に関する取組みは、生後４カ月までの全戸訪問事業（こんにちは赤ちゃん事業）や地域子育て支援拠点事業（地域子育て支援センター、つどいの広場、児童館など）、子育てサポーターリーダーの育成、幼稚園における子育て支援活動、児童相談所、市町村保健センターなど数多い。しかし一方で、児童虐待の件数は増え続け、子どもの生命が奪われるという事件は後を絶たない。虐待が起こる理由や背景は様々ではあろう。しかし、虐待をするために子どもを持つという親は皆無と考えられることから、その予防策としてのさらなる相談体制の整備が急務とされている。

求められる「相談・助言」とは――ある子育て支援センターでの経験から

子育ての「相談・助言」の取組みについては先にも述べたが、なかでも保護者にとって最も身近なものとして子育て支援センター（以下、支援センターと略）がある。支援センターは保護者がベビーカーを押して歩いてでも行ける場として各地域の保育所内を中心に設置されている。支援センターには保育士が常駐しており、手遊びや絵本読み、制作などの活動が中心であり、園庭での自由遊びなどもできるようになっている。通ってくるのは大体その地域に住む保護者たちで、話してみれば「お近くですね」ということもしばしばである。おおむね３歳くらいまでの子どもがいて、ご近所と呼べるところに住んでいる人だから、おのずと共通点も多くなり話も弾み、ママ友になりお互いの悩み相談も気軽にできるという構図ができそうである。事実そういう関係づくりを目的として設置されてもいる。

かくいう私も入園前の子どもHを連れて毎日家の近くの支援センターに通った１人である。当時、Hは誰彼かまわず向かっていっては相手が持っているおもちゃをとったり、手をだしたり、手に負えない年頃だった。「やめなさい、だめでしょ、すみません」が幾度か繰り返された後の微妙な雰囲気にいたたまれなくなり支援センターを後にするという毎日に私は嫌気がさしていた。しかし家に２人でいると気が滅入り、安全に遊ばせる場を探し、結局支援センターに向かうという日々。その日もいつものごとく他の子に手を出し始めたHを止めようとした私に、担当保育士の先生が「お母さん、止めるのではなくお手本を見せてあげればいいんじゃないかな?」と自ら「H君、こうするのよ」とやって見せながら言われた。その言葉を受けて、Hが実際叩くのを止め、先生の真似をした様子に、私だけではなくその場にいた保護者たちみんなが納得したのである。

「相談・助言」というのはその言葉から想像されるような堅苦しい場で起こるものだけではない。私の経験のように、日常生活の流れのなかでふと起こるできごとであり、当事者自身もそれが「相談・助言」になっていると気付かない場合も多い。またそれらは子育て支援業務のなかでは必ずしも「相談・助言」としてカウントされないような保護者のぐちや単なるおしゃべりとみなされるようなことがらかもしれない。しかし、実はそれらが保護者にとって重要な「相談・助言」の下敷きとなっているのではないだろうかと私は思うのである。

保護者のための場づくりの重要性

「相談・助言」が日常生活の流れのなかで引き起こされることから考えても、まずは保護者がその場に居られるという環境を整備することは非常に重要である。現在、国は地域の子育て家庭における育児支援を行うため、地域子育て支援拠点の拡充を図っており、2008年度はその数が4891カ所にのぼる。保護者が集える場所が徒歩圏内にあるということは大切ではあるが、しかし、場所を設けたからといって、人がそこに集まり時を過ごすようになるとは容易に考えられない。簡単に打ち明けることのできない保護者の悩みや不安を察知し、保護者の気持ちに寄り添いながらともにそれらに向き合い、解消する手助けをする保育士の力量はもちろんのこと、様々な保護者の在り方を許容する場となっているか見直す必要があるのではないだろうか。

「虐待しそうになったから連れてきました」といって子どもの手を引いて訪れる人、支援センターが閉まる時間になると「トイレに行きたいので……」といって子どもを担当保育士に預けてしばらくでてこない人、誰と話すわけでもなく黙って子どもをみている人、保護者と子どもの在り方は様々であり、その場に求めるものも異なっている。屋内（多くは保育所の一室）という閉塞的な空間でどのように保護者が子どもと過ごしているのか、また、その前段階として、今、保護者と子どもはどこに、どのように居るのかとらえることは、虐待がおこりやすいとされる密室育児を解決するヒントとなるのではないかと思う。また、家庭や支援センター、その他の支援拠点といった点だけでなく、私たちが住む地域といった面の視点でも子どもとともに居られる場づくりを考えていく必要があることはいうまでもない。

第6章 保育ソーシャルワークと関係機関との連携

はじめに

近年、保育所・幼稚園・認定こども園等保育施設（以下、保育施設と略）には、保護者支援・子育て支援において、家庭・地域社会との連携や市町村、保育・子育て支援に関わる関係機関、専門機関、関係者（以下、関係機関と総称）との連携・協力が求められている。また、それに伴い、保育士・幼稚園教諭等保育者（以下、保育者と略）には、家庭や地域社会における様々な社会資源との連携を図り、推し進めていく資質・能力が不可欠になってきている。

本章では、保育ソーシャルワークの視点から、保育施設と関係機関との連携について、保護者支援・子育て支援としての関係機関との連携とはいかなるものであるか、関係機関との連携において保育施設・保育者に求められる力量とはどのようなものであるか、課題は何かを論じていきたい。

1 保護者支援・子育て支援としての関係機関との連携

2006年12月に公布された教育基本法は、新設された条項の１つである「学校、家庭及び地域住民等の相互の連携協力」（第13条）において、「学校、家庭及び地域住民その他の関係者は、教育におけるそれぞれの役割と責任を自覚するとともに、相互の連携及び協力に努めるものとする」と規定している。同条項の趣旨及び内容について、国・文部科学省は、「教育の目的を実現する上で、学校、家庭及び地域住民等の相互の連携協力が重要であることにかんがみ、新たに規定した」[1]ものであり、「学校と家庭と企業や関係機関なども含めて、地域社会を構成する者がみずからの役割と責任を自覚するとともに、相互の連携協力に努める」[2]ことが大切である、と説明しているが、そこでは、“地域全体で子どもたちをはぐくむ仕組みづくり”をスローガンに、「学校・家庭・地域の連携・協力を強化し、社会全体の教育力を向上させる」[3)]ことがめざされている。こうした考え方は、保育・幼児教育の領域においても適応されるものと捉えられ、子育てに関する学習機会や情報の提供などの家庭教育に関する総合的な取り組みを、関係機関が連携して行えるよう促すことが重点課題として提起されている。

これまで、特に1960年代以降、保育施設は地域に根ざした、あるいは地域に開かれた存在として、地域の実情や地域住民の保育・子育て要求に応じた保育実践・保育サービスに努めてきたが、近年、保護者支援・子育て支援とのかかわりのなかで、地域の関係機関とのさらなる連携を図っていくことの大切さが唱えられている。厚生労働省「保育所保育指針」(2008年3月。以下、保育指針と略)は、保育所の役割の１つとして、「保育所は、入所する子どもを保育するとともに、家庭や地域の様々な社会資源との連携を図りながら、入所する子どもの保護者に対する支援及び地域の子育て家庭に対する支援等を行う」ことを掲げている。この点について、同指針の解説書である厚生労働省「保育所保育指針解説書」(同。以下、保育指針解説書と略)は、保育所の役割としての子育て支援・保護者支援を適切に行うためには、「保育所の役割や専門性を十分に生かすとともに、その役割や専門性の範囲を熟知していることが求められます。このため、関係機関の役割や機能をよく理解し、それらとの連携や協力を常に考慮して支援を行う必要があります」と述べている。特に、地域の子育て家庭に対する支援において、「地域の様々な人や場や機関などと連携を図りながら、地域に開かれた保育所として、地域の子育て力の向上に貢献していくことが、保育所の役割として示されています」と強調している。ここにおいて、関係機関とは、市町村(相談窓口、保育担当部局)の他、児童相談所、福祉事務所、保健センター、療育センター、教育委員会、幼稚園、小学校、中学校、高等学校、民生委員児童委員、主任児童委員、つどいの広場、児童館、家庭的保育(保育ママ)、ベビーシッター事業、ファミリーサポートセンター事業、関連 NPO 法人、子育てサークル、ボランティア、子育て当事者など、多種多様な主体が想定されている。

文部科学省「幼稚園教育要領」(2008年3月。以下、教育要領と略)も同様に、「幼稚園の運営に当たっては、子育ての支援のために保護者や地域の人々に機能や施設を開放して、園内体制の整備や関係機関との連携及び協力に配慮しつつ、……地域における幼児期の教育のセンターとしての役割を果たすように努めること」と述べている。これに関して、同要領の解説書である文部科学省「幼稚園教育要領解説」(2008年7月。以下、教育要領解説と略) は、「幼児の家庭や地域での生活を含め、生活全体を豊かにし、健やかな成長を確保していくためには、幼稚園が家庭や地域社会との連携を深め、……積極的に子育てを支援する必要がある」と記している。他の幼稚園・小学校や保育所・児童相談所などの教育・児童福祉機関、子育て支援に取り組んでいるNPO法人や地域のボランティア団体、さらには、市町村などの関係機関との連携・協力を推し進め、子育て支援の観点から、幼稚園の役割の1つとして、地域の子育てネットワークづくりをする場としての役割を提示している[4)]。

2 関係機関との連携と保育施設・保育者に求められる力量

保護者支援・子育て支援としての関係機関との連携のあり方について、保育指針及び保育指針解説書は、保育所に入所している子どもの保護者に対する支援及び地域における子育て支援のそれぞれにおいて、以下のような項目を例示している。すなわち、前者においては、① 障害 (しょうがい) や発達上の課題が見られる子どもとその保護者に対する支援、② 保護者に対する個別支援、③ 保護者に不適切な養育等が疑われる場合の支援、の3つを掲げている。そして、①については、「保護者、主治医や関係機関との連携を密にするとともに、必要に応じて療育機関等の専門機関からの助言を受けるなど、適切な対応を図る必要」があること、②については、育児不安等が見られる保護者に対して「保育所において個別的な支援を行う場合は、必要に応じて他の機関と連携するとともに、……組織として子どもや家族を援助する体制づくりが重要」であること、そして、③については、保護者に不適切な養育等や虐待が疑われる場合の保護者支援には、「関係機関との連携のもとに、子どもの最善の利益を重視して支援を行う」ことや、「保育所や保育士等による対応では不十分であったり、限界があると判断される場合には、関係機関との連携がより強く求められ」、特に、児童相談所等の関係機関との連携・協力や「要保護児童対策地域協議会 (子どもを守る地域ネットワーク) との関係を深め、参画する」ことが大切である、と記している。また、後者については、① 地域子育て支援における地域との連携、② 地域における関係づくり及び問題発生予防と早期対応、の2つを掲げている。そして、①については、「地域の実情を踏まえて、また関係機関、専門機関、関係者の状況などを把握して、地域性に応じた子育て支援を果たす」こと、②については、前者同様に、「要保護児童対策地域協議会（子どもを守る地域ネットワーク）との連携に努める」ことが望まれる、としている。教育要領及び教育要領解説も、「幼稚園の子育ての支援活動の実施に当たっては、……関係機関との連携及び協力も大切」であり、保護者の養育が不適切である場合や家庭での育ちの状況が気になる子どもがいた場合の保護者支援については、「幼稚園のみで抱え込むことなく、市町村などの関係機関と連携して、適切な支援を行っていくことも大切」である、と記している。

こうした保護者支援・子育て支援としての関係機関との連携において、保育施設・保育者に求められる力量とはどのようなものであろうか。「連携」とは何かについて、保育指針や教育要領は明示しているわけではないが、一般には、「同じ目的をもつ者が、たがいに連絡をとりあい、協力して物事を行うこと[5]」ととらえることができるであろう。類語である「連係」が単に「たがいにつながりをもつこと。また、つながりをもたせること[6]」を意味するのに対し、ここでいう「連携」とは、日浦直美の指摘に従えば、① 同じ目的をもつ、② つながり合う、③ 協力し合う、④ 対等な立場で関わる[7]、といった点を有していることが特徴的である。関係機関との連携について、保育ソーシャルワークの視点から見れば、これまで保育施設・保育者には明確には意識されてこなかった、間接援助技術としてのコミュニティワーク（地域援助技術）やソーシャル・ウェルフェア・アドミニストレーション（社会福祉運営管理）などに関する知識、技術（能）が一定有用であるように思われる。

ソーシャルワーク論の教えるところによれば、前者のコミュニティワークとは、「地域社会（コミュニティ）における福祉的ニーズを明らかにして、そのニーズを満たすために地域の社会資源を調整、整備、開発したり、当事者の組織化を進めるなど、問題解決のための側面的支援を行い、対象者に対して間接的に援助する[8]」ことをいい、また、後者のソーシャル・ウェルフェア・アドミニストレーションは、「社会福祉施設機関の運営管理から、広く所得、医療、教育、住宅の保障のための運営管理をも含んだ福祉国家論にまで波及[9]」するものをさしている。いうなれば、それらは、保育ソーシャルワークとしてのコーディネート（関係調整）機能やマネジメント（運営管理、条件整備）機能ということになるが、近年、保育・子育て支援に関する社会資源が連携し、協働して子育てすることができる地域子育てネットワークの構築が求められ、進められつつあるなかで、これらの機能に即して、保育・子育て支援の専門機関ないし拠点（センター）としての保育施設及び援助専門職としての保育者のあり方が問い直される必要がある、といえよう。

この点に早くから注目してきた1人である今堀美樹は、「『子育て』という大変なそして大切な取組みを共に担って行けるような協働性を、親と保育士、そして、保育所内での連携、また他の施設や機関との連携、そして地域のつながりのなかで開発していくことが必要である[10]」と述べ、保育ソーシャルワークの視点から、子育てにおける協働性の開発を重要な課題として掲げている。そして、「地域にある他の施設や各機関が持つ役割を理解し、『子育て』をめぐる協働性の開発にむけて、そうした施設や機関に対しても働きかけをしていくことが必要である[11]」と提案しており、注目に値する。こうした取り組みをすべての保育施設・保育者に期待することは無理があるとしても、コミュニティワークやコーディネート、マネジメントをはじめとする知識や技術（能）を修得していることは大切なことであると思われる。とりわけ、保育施設の運営管理・経営のトップ層である園（所）長や主任保育士・教諭、中堅保育者に期待されるところが少なくない。

3 関係機関との連携をめぐる課題

では、保育施設と関係機関の連携をめぐって、何が課題となっているのであろうか。以下では、近年、筆者が提唱してきている「保育自治」、「保育経営[12]」という概念を踏まえ、3点指摘しておきたい。

第1点は、保育施設と関連機関との連携について、その理念や目的・目標、取組方針などについて、保育施設・保育者はもとより、関係するすべての機関・関係者において最低限の共通理解が求められるということである。一口に「連携」「協働」といっても、きわめて緩やかなものからタイトなものまで、その具体的なイメージは必ずしも同一であるとは限らない。否、実際には同じ事業に携わっていながら、利害があって競争・競合する関係であったり、相反する考え方をもっていたりすることも少なくないのである。それは元々から、各機関の設置運営主体や基本とする理念・目的が異なっていたり（たとえば、教育か福祉か、その狭間（はざま）か）、直接の担当者が抱いている子ども観や保育観、子育て支援観が多様であったりすることなどが主な要因になっているように思われる。

「連携」「協働」とは一体何をめざし、どこまでをどうすることなのか、子どもと家族・家庭のウェルビーイング（幸福）の実現あるいは、地域における保育ソーシャルワーク（地域保育ソーシャルワーク）の総合的展開という観点からとらえられ、保育施設と関機機関の間さらには、関係機関の間で共通理解の土壌を広げていくことが望まれる。

第2点は、保育施設と関係機関との連携において、保育施設及び関係機関のそれぞれが自身の基本的な役割・機能を明確に意識するとともに、パートナーとしてお互いの役割・機能について十全に理解していることが必要不可欠であるということである。これを保育施設・保育者サイドから見れば、保育施設及び保育者は、保育・子育て支援の専門施設・援助専門職であることから、その基本的な役割・機能は当然のことながら、子どもの保育及び保護者支援・子育て支援ということになる。その部分をコアとしつつ、他の関係機関と連携していくことになるのであるが、重要であることは、「関係する部分」についての理解が前提となっていることではないだろうか。関係機関と重なり合っている部分、いわば「糊代(のりしろ)」（紙などをはり合わせるとき、糊をつける部分）にあたるところをきちんと捉え、その部分をしっかりと繋(つな)ぎ合わせていくことが大切である。保育施設・保育者は、保育ソーシャルワークの視点から、その果たすべき役割や専門性を生かすとともに、地域全体を見渡す広い視野と、地域における子ども・子育て問題に総合的に取り組んでいく姿勢が不可欠となっている。

第3点は、保育施設と関係機関との連携において、保育者、特に園（所）長、主任保育士・教諭、中堅保育者には、保育施設を関係機関に繋ぐことができるコーディネート能力と、地域における関係機関のサービスを調整・整備・開発することができるマネジメント能力が、援助専門職の力量として育成される必要があるということである。しかしながら、実際には、保育施設の運営管理・経営のトップ層をはじめ、こうした能力を修得する機会が十分に保障されておらず、長年の職務経験とそれを通じて築いてきた人間関係、「私がやらねば」という親子の幸せを願う強い気持ち、信望される高い人格を糧(かて)にしながら、それぞれの状況のなかで精一杯取り組んでいる、というのが現状ではないだろうか。こうした能力はどのようなかたちで育成されることが望ましいのか。この点について、保育者養成カリキュラムにおける「保育マネジメント論」「保育ソーシャルワーク論」など関連科目の設置[13)]や保育所長・幼稚園長研修及び主任保育士・教諭研修等の改善充実などが課題として提起されているが、保育所長・主任保育士の資格要件をはじめ、保育者の養成・採用・研修における抜本的な改革を志向した制度設計が構想される必要があろう。コミュニティワーカーとしての保育者像の探究が求められる所以（ゆえん）である。

おわりに

近年、保育・子育て支援関係者の尽力により、保育施設と関係機関との連携は従前よりかなり進んできているということができるであろう。しかしながら、地域子育てネットワークの構築が上から押しつけられたものとしてとらえられたり（緊急的あるいは、実態的にそうしたことが求められる場合もないわけではないが）、お決まりの連携パターン（ご都合主義的な情報収集に終始するなど）や安易な他人任せの（あるいは逆に、狭い専門職意識から、他者の関与を嫌避（きひ）する）傾向が広がっているとすれば、それは本末転倒であるという他ない。子ども・子育て環境の変化のなかで、児童虐待をはじめ、不適切な養育・虐待等の疑いのある子どもや発達に困難を抱える「気になる子ども」が増加してきているといわれる今日、保育施設と関係機関との連携はますます重要になってきている。地域子育てネットワークは一度（ひとたび）構築されれば、永遠にうまく機能するというものでは決してない。中心となっていた施設・機関や担当者が変われば、元（もと）の木阿弥（もくあみ）の状態に戻ることも珍しいことではない。また、ネットワーク相互の連携促進（たとえば、児童虐待の深刻化に対応できるよう、全国的レベルにおける広域的連携の充実・改善）も課題となっている。関係機関との連携は生きものであり、関係者の高い意識と、顔合わせ・声かけに始まる日常的な交流をはじめとする不断の主体的・自治的な努力が求められるのである。

演習問題

1．保育施設と関係機関との連携がめざすものは何かについて考えてみよう。
2．関係機関との連携で保育施設・保育者に求められる力量とは何かについてまとめてみよう。
3．保育施設と関係機関との連携をめぐる課題は何かについて整理してみよう。

注

1）　文部科学省「教育基本法の施行について（通知）」2006年12月22日。

2）　衆議院・教育基本法に関する特別委員会における小坂憲次文部科学大臣答弁（2006年６月５日会議録）。
3）　文部科学省「教育振興基本計画」2008年７月。
4）　参照：伊藤良高『新時代の幼児教育と幼稚園――理念・戦略・実践――』晃洋書房、2009年。
5）　林義雄他編『現代標準国語辞典』学習研究社、2001年、1093頁。
6）　同上。
7）　日浦直美「家庭、小学校、地域社会との連携」、改訂・保育士養成講座編纂委員会『保育原理』全国社会福祉協議会、2009年、224-227頁。
8）　相澤譲治他編『新版 保育士をめざす人のソーシャルワーク』みらい、2005年、23頁。
9）　同上、27頁。
10）　今堀美樹「保育ソーシャルワーク研究――保育士の専門性をめぐる保育内容と援助技術の問題から――」『大阪キリスト教短期大学紀要／神学と人文』第42集、2002年、189頁。
11）　同上、190頁。
12）　ここでいう「保育自治」とは、新しい保育と幼児教育・保育行政のあり方を、保育関係者、すなわち、保護者、地域住民、保育者、幼児教育・保育行政職員の協力共同（協働）の営みとして構想するものである。また、「保育経営」とは、保育・子育て支援の目的を効果的に達成するため、園・学校、地域社会における保育・子育て支援の営みを全体的にとらえ、子どもの人間形成と成長・発達の全過程を関連的・総合的に把握するものである。詳細については、伊藤良高『〔増補版〕現代保育所経営論――保育自治の探究――』（北樹出版、2002年）、同『新時代の幼児教育と幼稚園――理念・戦略・実践――』（晃洋書房、2009年）、同『保育制度改革と保育施設経営――保育所経営の理論と実践に関する研究――』（風間書房、2011年）等、を参照されたい。
13）　筆者が奉職する保育者養成施設（熊本学園大学社会福祉学部第一部子ども家庭福祉学科）では、保育とソーシャルワークの学びをベースに、「保育マネジメント論」「児童ソーシャルワーク特論」などが４年制大学の独自カリキュラムとして設置されている。また、筆者が兼務する同大学院（熊本学園大学大学院社会福祉学研究科修士課程・博士課程／保育学専修）では、「保育学特殊研究」「保育学特殊研究演習」「社会福祉政策学特殊研究指導（保育学）」などの科目で、研究テーマの１つとして、保育マネジメント、保育ソーシャルワークが取り扱われている。

参考文献

伊藤良高・大津尚志・中谷彪編『新教育基本法のフロンティア』晃洋書房、2010年。

大津尚志・伊藤一雄・伊藤良高・中谷彪編『教育課程論のフロンティア』晃洋書房、2010年。

榊達雄編著『教育自治と教育制度』大学教育出版、2003年。

第７章　保育所における保護者支援・子育て支援
――事例研究――

はじめに

本章では、保育所における保育者が行う子どもへの支援、保護者への支援・子育て支援について事例研究を行う。本事例では、保育するうえで気になる子どもの行動から、親・家族の背景を分析・考察し、課題と援助目標、支援内容をあげ、保育の支援過程について考え方を示すことを目的とする。

保育所での保護者支援・子育て支援は、保育者が行う日常の保育行動を通して、保護者と言葉を交わし合い、気持ちを交流させる過程で支援が行われる。支援の場所も相談室で行われる面談だけでなく、子どもの生活の場である保育室や廊下、園庭など、日常で保育を行っている場所で行われるなどの特徴がある。子どもの最善の利益を守るためには、子どもが子どもとして健やかに育ち、親が親として育つ、そして家族の育ちを守り支えることが、保育所における保護者支援・子育て支援を行う保育者の役割である。

1　保護者支援・子育て支援と関連する人との関わり
――事例の概要――

Ａは２歳の時に転居にともない、保育所に通所し始めた。家族は父親（38歳）、母親（35歳）、兄（８歳：発達障がい）、Ａ（４歳３カ月）、妹（３カ月）の５人である。Ａの保育時間は８時から18時である。現在、母親は育児休暇中で自宅におり、Ａは規則的な生活をしている。Ａの性格はおとなしく穏やかである。口数は少ないが、他児との交流もありよく遊ぶ。入園時から痩せているものの、緩やかに成長し、年齢相当の基本的生活習慣の形成、運動機能の発達、言語能力の発達がみられる。

１カ月ほど前から、Ａは姿勢が悪くごろごろとし、表情も乏しく、あまり遊びに参加しない。また忘れ物が多くなり、何日も同じ服や下着を着ていることが多くなった。Aが１人の時に言葉をかけると、保育者に甘えた行動を示す。Aから家での様子を聞くと「妹が小さいからお外に行けないの。絵本も今はあまり読んでもらえないの。お母さんはごろごろとしていてAも一緒」という。最近では、保育の制作や歌にも集中できず、その都度、保育者がAに言葉かけなどの関わりを行うと活動に取り組める。

送迎時、母親はぐずる兄の手をつなぎうつむいている。保育者が気づき、Aに母親が迎えにきたことを伝えた。Aはさっと帰り支度を行い下駄箱に行く。Aと母親は目を合わさず、言葉も交わさない。様子を見ていた主任保育者が母親に「赤ちゃんはお元気ですか」と聞くが、「はあ」と答える。主任保育者がAの様子をほめても、母親の表情は緩まない。母親は出産前まで、家事・育児・仕事をこなし、性格は穏やかでまじめである。父親はまだ一度も保育所に来たことはない。

次に面談の概要であるが、面接参加者は母親（妹を連れてくる）、担当保育者、主任保育者である。面接場所と時間は、保育所の面接室で13時30分から14時10分である。面接目的は、Aと家族の状態を把握し、支援の必要性を検討するインテーク（受理面接）である。以下が面談内容である。

主任保育者：「こんにちは。わざわざお越しいただきありがとうございます。お母さん、産後の体調はいかがですか？」

母親：「私は元気です。今は自宅にいるから。仕事がないぶん楽だし」

主任保育者：「最近おばあさんはお見かけしませんね」

母親：「産後１カ月程来てもらいましたが、母は体が弱く手伝ってもらえないのですよ」

主任保育者：「赤ちゃんや子どもさんの世話、家事など大変ですね。本当によくやっていらっしゃいます。育児休暇の前も仕事と子育てや家事等がんばっておられましたものね。今日はね、Aちゃんの様子をお尋ねしたくてお来しいただいたのです」

母親：「はぁ……」

担当保育者：「ここ１カ月ほどAちゃんは元気がないように思うのです。お家での様子をお聞かせ頂けないでしょうか？」

母親：「そうですか。Aはおとなしく手がかからず育てやすい子です。色々と手伝ってくれ助かってますし。以前と変わりないと思いますが。

（しばらく沈黙）Aはいいのだけど兄のことが大変で。発達障がいがあると医師に言われているのですが……息子がよい教育を受けられるよう転居までしたのに、不登校になるし、兄妹のなかで一番手がかかる。私ひとりでどうしていいのかわからない」

息子の話ばかりする。保育者は傾聴し気持ちを共有している。

担当保育者：「ご主人様はなんておっしゃられるのですか？」
母親：「夫は早朝から晩遅くまで仕事をしており、息子のことを相談する時間はありません。過労気味なんです。だから私がなんとかがんばらないといけないのです」

主任保育者がAの話に戻す。Aの日常生活の様子や好きなことを具体的に聞く。

母親：「排便がいつでたとか、着替えなどはAに聞かないとわからない。この間、兄と入浴していておぼれかけたので、子どもだけ入る時はシャワーにしました」

面接時、母親はうつむきがちでぼつぼつと話す。あまり目を合わそうとせず顔色は悪い。妹は3カ月でふくよかで健康的である。主任保育士が「次回は父親と一緒にお話しませんか」というと母親は了解し、再度面談する約束をして、面接を終了する。

2　保護者支援・子育て支援に求められる視点
——事例の分析・考察——

保育者が子どもを保育している時に「なにか気になる」と直観的に感じることがある。保育者は「なぜそのように感じたのか」、「どのような状況からそう考えたのか」を、観察や情報収集し、それを根拠に基づいて分析・考察する。そして課題を抽出し、支援目標をたて、支援を立案・実践することが重要である。また必要時には、専門機関につなげることも保育者の役割の1つである。

まず、Aへの分析と考察である。生命に影響を及ぼすかを判断する必要性がある。Aが、①病気（発熱・下痢・便秘など）ではないか、②ケガをしていないか、③疲れやすいのか、④虐待等がないかを観察し確認する。必要時には、保育所の担当医師や看護師、関連職種に相談する。両親に連絡し医師への受診をすすめる。保育者は定期身体測定などから、身長・体重・頭囲・胸囲が成長しているかを知る。運動機能の発達（粗大運動・微細運動）、社会性の発達（生活技術・対人関係）、言語の発達（表現・理解）など、個々の発達の状態を確認する。[1)]
この時に発達至上主義にならずに、1人1人の育ちを見ることが重要である。また③では、生活環境や習慣による疲れがあるかを知ることは保育者にとって重要なことである。たとえば、Aの生活リズムを母親やAから聞くことができる。Aは規則的な生活で睡眠もとれている。Aの話す内容から、ごろごろするのは母親の模倣をしているのかもしれない。また家族との関わりが少なくなっていることから、母親や保育者の目をひき、かまってほしいとシグナルを発しているとも考えられる。

また、生活習慣を把握する必要がある。Aは忘れ物が多く、同じ服や下着を着ていることであるが、4歳では自らの衣服の着脱、整理はできても、衣服の準備、身体の清潔など身辺のことを自ら自律して整えることは難しい。現在の母親の状況から自宅での住環境整備が十分でないとも考えられる。

子ども自身に育てにくい要因があるかを考える。1カ月以前のAの様子や育ちの状況から、問題や課題はないと考えられる。やせている原因の1つには、初めて食するものが苦手なようで、そのため好き嫌いは多く偏食気味と思われるが、このことに関して母親は育てにくさは感じていない。これらのことから、Aの行動は、A自身の要因ではなく、親・家族間のなんらかの要因が影響しているのではないかと考えられる。

次に、Aと親・家族の分析と考察では、母親とAとの関わりであるが、現在、母親は発達障がいのある兄と生後3カ月の妹、Aの育児を懸命に行っており、子どもたちも育っている。面接時の入浴の話では、危険を避けようと考え、懸命に子どもを育てようという気持ちがくみとれる。母親は1人で、育児・家事をこなし心身的にも過重な負担を背負っている。母親自身、自分の体調不良に気がついていない。そのためか、Aに向き合う気持ちや関心が向けられず、その結果、Aの身の周りの世話や関わりの希薄さ、シグナルを見落とすことになり、Aの変化にも気がついていない。母親はAのことを「色々してくれ助かる」と認めていることから、現状ではAへの愛情の衰退はないと考えられる。

父親と家族との関係でわかったことは、母親は父親の身体を心配していることから、夫婦関係は悪くなさそうであるが、兄のことは相談していない。父親は兄の通学のため転居をしていることから、家族のことを気にかけていると思われる。また、長時間労働しており疲れていると考えられる。自宅にいる時間が少ないため、家族と顔を合わせる機会が減少している。父親が父親として、家族とともに育つことや成長する機会が奪われている状況である。家族の現状を父親に知ってもらい、母親へのサポート、育児への参加などを話し合うことが重要である。

母親の健康のことであるが、母親は産後3カ月で産後のホルモンバランスの変化で、身体的、心理的に体調が崩れやすい時期である。また家事・育児に追われ、自分自身の体調管理は後回しになりやすい。本事例の母親も自身の心身状態についても気がついていない様子である。現在の身体状況と以前できていたことができなくなっていること（Aの世話の状況、ごろごろするなど）から、産後うつも考えられる。母親が信頼している保育者から医療機関への受診を進めることも必要である。

母親は兄の子育て不安や悩みを抱えており、そのことを相談できる人がいないということであるが、保育所では兄の状態や状況がわからないので、安易な助言やアドバイスはできない。保育者ができることは話を傾聴し親の思いを受けとめることである。両親と相談しながら、保育所に特別支援巡回指導員が訪所しているのなら連絡を取る。また小学校の先生に相談することや、専門機関などを紹介することができる。

子育て環境については、①夫や親戚の協力が得られない、②頼れる人（相談相手）が近隣にいない、③人との交流（話し相手など）がいない、④体調不良がある、⑤学校や地域との関係を築いていないなどから、地域で孤立した状態で子育てを行っていると考えられる。

就学前の子どもの両親は、働き盛りということもあり、長時間労働していることが多い。そのため家族とともに過ごす時間的な余裕をもてないことが多い。家族のがんばりだけでは限界がある。早期のワーク・ライフ・バランスの実現が望まれる。また、日本の社会ではすべての子どもと家族・家庭を支援するシステムの充足が十分でないことがある。特に障がいや病気のある人（児）、ひとり親、貧困、孤立した環境下にある、子どもと親・家族への支援は、柔軟で迅速なソーシャルワークの介入と支援が必要である。

考察から保育者がたてる課題は、Aの現状を改善して、以前のように元気に活動することである。支援目標は、Aの健やかな成長と最善の利益のために、母親の心身状況を改善することである。また母親の調子が良くなるまで、Aの育ちを支えることにある。母親がAと向き合うことができようになることで、Aは表情豊になり、元気に活動することができると考える。

3　保護者支援・子育て支援の介入について
――支援の内容――

まず、Aへの保育士の支援では、①Aには話しかける機会や抱きしめるなど、1対1で対応する時間を作る。②だるそうにしている時や疲れている時は、休める環境をつくる。午睡できる環境を整える[2)]。③保育に参加しない時には、言葉かけを行い遊びに誘い、Aが楽しいと思う気持ちを大切にする。④衣服や下着を多めに持ってきてもらい必要時には着替えを促す。⑤偏食気味であることは、給食時に食べられたらほめる。給食の盛りつけを工夫する。野菜の絵本や歌など食に関心を持つように保育で工夫をする[3)]。⑥集団保育の場で体験・経験を通して、Aの世界を広げる。

次に、親・家族への支援では、①母親には3人の子育てと家事、仕事を両立してきたことをねぎらう。②母親自身の体調不良の改善。疾患や生活環境によるストレスかを見極めるために医療機関との連携が重要となる。産後うつであれば早期発見・治療することで、治癒や病状の軽減、また症状の悪化・長期化を防ぐことができる。③両親にAの変化を説明し、具体的な接し方を示す。たとえば、横になる時にAを抱きしめる。兄妹の世話をAと一緒にするなど、Aとの時間を短時間でも毎日もってもらうなどがある。④両親にAが好きなことを把握し、その関わりを充実していき、両親がAと一緒にいることの楽しさを実感してもらう。⑤両親と面談を行い、Aの情報を共有し、家族にとって良い方向に進むように保育者は家族と一緒に考える。⑥母親の話を傾聴し受容し、信頼関係を築く。母親が話しやすい状況をつくる。安易な励ましの言葉は、母親を追い詰める可能性があるので使わないようにする。⑦兄を児童相談所、医療機関、保健所などの適切な専門機関へつなげ、家族を見守ることが重要である。⑧母親の体調が良くなったら、他の保護者との交流の機会として、クラス懇親会、参観、園庭開放への参加などを促し、友人をつくる機会を提供する。⑨日曜日に保育行事を行い父親が行事に参加しやすい状況をつくる。⑩地域の子育てサロン、子育て支援センター、児童館、児童委員、発達障がい児の親の会などの情報提供を行うなどが考えられる。

おわりに

本事例のように、親が一時的に子どもへの関わりが乏しい時に、保育者は「だめな親」と親にレッテルを貼った見方をしたり、注意したり、責める前に、なぜそのような状況になっているのかを、多面的に分析し、親を共感的に理解し支援することが、子どもの育ちを守ることにつながる。多面的とは、課題に至る経緯、子ども・親・家族の身体的、心理的、経済的、人種的、宗教的な背景を理解することである。保育者は親と子どもの関係を改善するとともに、家族を地域から孤立させないために地域でのネットワークを築くことが必要である。

さらに、保育者は、子どもを取り巻く家族や社会の変化を敏感にとらえ、その変化が子どもの育ちにどのような影響を与えるのか、さらに子どもの健全な育ちを守るためには、何をするべきか、担うべき役割を考え、社会に提言していくことが重要である。

演習問題

１．保育所の機能とそこで働く保育者の役割をまとめてみよう。
２．保育者が行う保護者への支援と子育て支援について考えてみよう。
３．保育所に通う子どもとその家族・家庭の幸福の実現とは何かについて考えてみよう。

注

1）　安梅勅江編、保育パワーアップ研究会監修『保育パワーアップ講座　活用編』日本小児医事出版、2008年。
2）『月刊保育とカリキュラム』ひかりのくに、2010年９月号。
3）『３．４．５歳児の保育』小学館、2008年、２-３月号。

参考文献

秋田喜代美編『新しい幼稚園教育要領と実践事例集　教師のさまざまな役割』チャイルド本社、2006年。
安梅勅江編、保育パワーアップ研究会監修『保育パワーアップ講座』日本小児医事出版、2009年。

子どもと保育総合研究所代表、森上史朗監修『最新保育資料集2010』ミネルヴァ書房、2010年。
野澤正子・森本美絵編『家族援助論』ミネルヴァ書房、2008年。

第8章 幼稚園における保護者支援・子育て支援

——事例研究——

はじめに

現行の幼稚園教育要領（2008年3月文部科学省告示）には、「幼稚園の運営に当たっては、子育ての支援のために保護者や地域の人々に機能や施設を開放して、園内体制の整備や関係機関との連携及び協力に配慮しつつ、幼児期の教育に関する相談に応じたり、情報を提供したり、幼児と保護者との登園を受け入れたり、保護者同士の交流の機会を提供したりするなど、地域における幼児期の教育のセンターとしての役割を果たすよう努めること」とある。

一般に保育施設には、①子どもの発達保障、②保護者の就労支援、③子育て家庭支援という機能が期待されるが、まさに幼稚園教育要領にも明記されるこの3つ目の機能に関わって、本章では、具体的な事例を示し、その意義と課題を考察したい。ここで紹介するのは、筆者が勤務する大学の附属幼稚園であり、そこでは日頃より保護者の保育参加や「おやこぴょんぴょんサークル」等によって、在園児と未就園児の保護者を対象とした子育て支援を行っている。

1 鳥取大学附属幼稚園の概要

鳥取大学附属幼稚園は、1965年に教育学部附属幼稚園として創立され、2004年の国立大学法人化に伴い大学附属園となって現在に至る。学級数は、年少1クラス、年中2クラス、年長2クラスであり、2010年4月現在園児数は101名である。教職員は、大学兼務の園長を入れて11名と、それほど大きな規模ではなく、まとまりがよいように見える。

本園の性格は、幼児の心身の調和のとれた発達を助長すること、大学と協力して幼児教育の研究及び学生の教育実習を行うこととされる。教育目標は「幼児の経験や活動の場としての生活環境を整備し、個人差に留意し、集団生活をとおして自主性、社会性（特にひととのかかわり）、創造性のめばえを培う」として、「自分でできることは自分でする子ども、友だちとなかよくあそべる子ども、のびのびとたくましく、創造する子ども」をあげている。

そのような目標に関わって、「いきいきのびのび保育」と「多くの園外保育」が保育の特色となっている。園内では遊具や用具、動植物や様々な自然等の環境を整備しつつ、むしろ年齢にこだわらない自由な子ども同士の関わりを重視し、園外では豊かな感性を育てるために、解放感や情緒の安定にも資する自然の中での直接体験を多く取り入れている[1)]。

実際に、子どもたちは明るくのびのびとしており、大学附属園としての性格から実習生等人の出入りが多いためか、人なつっこく人間関係も大らかな印象を受ける。保護者は、たとえば卒園後子どもを附属小学校に進ませる者やそれにこだわらない者など様々であるが、概して園の運営に協力的であり、「懇話会」をつくって行事の際の協力等様々な場面で園を支えている。

2　保育参加と親育ち

自らが示す性格や保育の目標・特色には必ずしも明らかでないが、本園が近年特に力を入れていることの１つに保護者による保育参加がある。保育参加とは、保護者に「実際に登園から降園まで保育に参加してもらい、子どもと一緒に遊んだり活動に参加したりなど、からだを動かしながら、園での生活を体験してもら[2)]」うものである。

本園では、2004年度、子ども１人につき年２回、１日６～７人ずつの保護者が保育に参加するものとして始まった。その目的は、「親子・親同士・親と子ども・親と保育者とのかかわりを広げ、新たな目で子育てや保育を見直す[3)]」ことであり、保育参観では期待し難いことであった。そして、事前にオリエンテーションを行い、「保育参加ガイド」を配付して、一場面で決めつけた見方をしないこと、子どもの遊びを一緒に楽しむことが強調された。

しかし、保育参加の実施については、当初は保育者の側にも大きな不安があった。「先生が楽をするための手伝いと保護者が感じるのではないか」「トラブルがあったときに、子どもがマイナスイメージで保護者に見られるのではないか」「園生活の全てを保護者に見られることは不安である[4)]」などである。

しかし結果としては、保護者から好評を得ることとなった。2004年度の第１

回保育参加終了後の保護者アンケートでは、122名の回答者中、参加して「とても良かった」79.5%、「どちらかといえば良かった」18.0%であり、ほとんどがこの経験を肯定的に捉えていたのである[5)]。

「子どもたちのいろいろな姿を見るいい機会になった」「先生の苦労が理解できた」（３歳児）、「他の子どもたちとたくさんかかわれてよかった」「組や園の様子を知ることができた」（４歳児）、「園での１日の流れや子どもの様子が分かり、有意義な時間だった」「毎日１クラスに１人だけで頑張っている先生は、たいへんだと思う」（５歳児）等の保護者の感想が寄せられている。園側は、この結果から、保護者の意欲的な参加、幼稚園理解の第一歩、保育者の役割についての共通理解が伺えたとしている[6)]。

翌2005年度には、１回目の保育参加後、また違った角度からアンケートを実施し、初参加者と経験者の比較を行っている。たとえば、「保育参加で一番知りたかったこと」について、前者が「我が子の様子」51%、「組の雰囲気」21%、「よその子どもの様子」10%に対して、後者は順に41%、36%、14%となっている。すなわち、経験者は我が子以外にも目が向けられる余裕を得ていることが伺われる結果となった[7)]。

「保育参加は子育ての参考になったか」という問いには、「とても参考になった」56%、「少し参考になった」40%、計96%の回答が得られた[8)]。参加経験により保護者の意識が変容する様子とともに、やはり保育参加それ自体の意義が確認できる。保育参加が保護者の子育て力を向上させるものならば、保護者個々に対するミクロレベルの保護者支援の１つと評価することができよう。

3 「おやこぴょんぴょんサークル」と子育て支援

本園では、２歳以上の未就園児および在園児の保護者を対象に、専門の講師を招いたり保育者が担当したりして、子どもといっしょに遊び、子育てについて語り合う機会を月１回設けている。この「おやこぴょんぴょんサークル」と称する企画は、2006年度、鳥取県教育委員会事務局小中学校課長の推薦を得て、鳥取大学地域貢献支援事業に応募し、25万円の予算配分を得て始まった。

当時の小中学校課長名による推薦書は、子育てに様々な悩みや不安を抱えている親（保護者）が多くあるなかで、「今こそ家庭と地域、幼稚園が連携協力する必要がある」として、「就園前の親子が一緒に活動できる場の提供」と「地域の子育てセンター的役割」を期待される効果にあげている。同時に、教育委員会側の取り組みとしては、「幼児教育の充実を語る会」の開催（年3回県内3地区で子育て支援や幼児教育の課題解決のために実施する）、幼児教育専任指導主事による指導があげられている。

このように県教育委員会と連携した大学地域貢献支援事業は、2年間で切れたが、「おやこぴょんぴょんサークル」の取り組みそのものは、本園に根付いて継続している。参加者は多いときで20組余り、母親だけでなく夫婦で来る者もある。1回限りの参加者もあるが、リピーターとなって毎月来園する者も珍しくない。この事業は、在園児の保護者に限らず地域の子育て家庭を対象とすることから、メゾレベルの保護者支援といえよう。

担当講師名とともに2010年度を例にあげると、内容は「親子で一緒に遊ぼう」（5月、附属幼稚園）、「麦畑で遊ぼう」（6月、中田昇園長）、「身体を使って遊ぼう」（7月、佐分利育代地域学部教授）、「水遊びをしよう」（8月、附属幼稚園）、「子育てトーク」（9月、塩野谷斉地域学部准教授）、「親子で一緒に遊ぼう」（10月、附属幼稚園）、「音楽劇がはじまるよ」（11月、西岡千秋地域学部准教授）、「楽しいおやつ作り」（下坂なつえ附属学校部栄養教諭）等であり、農学部教授兼務の園長はじめ大学との連携の強さが伺われる。

親子での遊びを楽しみながら体験したり、子育ての悩みを率直に出し合ったりする場となっており、事後の参加アンケートでも、参加した子どもの様子は「とても楽しそうだった」と「どちらかといえば楽しそうだった」、保護者自身の感想は「とてもよかった」と「どちらかといえばよかった」に回答が集中している。自由記述にも、親子で身体を動かす遊びや音楽、お絵描き・工作等を希望する積極的な声が少なくなく、大変好評である。

「子育てトーク」は、年齢の異なる子どもを持つ保護者同士が語り合う意義も大きい。たとえば、自分の思いを抑えすぎているようで心配だという2歳児の保護者に対して、3歳児の保護者が、自分の子どももそうだったが幼稚園に入って変わったと話すなど、先輩保護者が不安を和らげてくれることもある。子どもの反抗期に苦労しているとの話には、同じ経験を持つ者が、それは一時期のことでいつの間にか終わってしまったと自らの経験を語る場面もあった。

おわりに

他にも、鳥取大学附属幼稚園では、「おまかせ倶楽部」が1998年度から続いている。子どもたちの保育や行事をサポートする保護者のボランティア活動のことであるが、たとえば園外保育に同行して、子どもたちの安全確保やトイレの付き添いをしたり、一緒に遊んだりケンカを見守ったりするという活動である。これは特に保護者の育ちや支援を意識したものではないが、希望者だけとはいえ、保育参加と同様の効果が期待できるものであろう。

しかしながら、多くの園で難しい保護者が増えたといわれる昨今、本園においてもすべてが理想的に進んでいるわけではない。保育所に比べて昼間時間が自由になる保護者が多い幼稚園にあっても、保育参加や「おまかせ倶楽部」に必ずしも積極的でない保護者もいることと思う。ときには些細なことから保護者同士に感情の行き違いが生じることもあろう。「おやこぴょんぴょんサークル」にも、本当に支援が必要な保護者が足を運ぶとは限らない難しさがある。

かつてに比べると先輩保護者のアドバイスも出にくくなってきたという話は、同種の取り組みを行うあちこちの園で耳にする。そのようなミクロレベルでの保護者支援・子育て支援の難しさもさることながら、地域にあって密かに子育てに悩み、ときには虐待に結びつきかねない親子に対する支援をいかに実効あるものにしていくかというマクロレベルの問題は、幼稚園単独では解決困難であるにしても、自治体行政の取り組みとも呼応して検討すべきことであろう。

なお、保育参観から保育参加へと保護者の幼稚園との関わりが変わりつつあるその先には、保育参画があり得る。すなわち、保育の計画にも保護者が積極的に関わることとなるわけだが、その点は、基本的に保育の仕事が保育者という専門職が担うものと考えると、実際には実現が難しい場合もある。付言しておきたい。

謝 辞

本論執筆にあたり、全面的なご協力を頂いた鳥取大学附属幼稚園の皆様に心よりお礼を申し上げたい。

演習問題

1．幼稚園教育要領等を参考にしながら、園児や保護者、地域社会に対して幼稚園が担う役割を整理してみよう。

2．幼稚園における保育参加の意義を保育参観の場合と比べて考えてみよう。

3．子育てに不安を持つ保護者に対する支援の中で、保育者や先輩保護者が果たす役割について話し合ってみよう。

注

1） 鳥取大学附属幼稚園ホームページ（http://www.fuzoku.tottori-u.ac.jp/youchien/）。

2） 友定啓子・山口大学教育学部附属幼稚園『もう一つの子育て支援　保護者サポートシステム』フレーベル館、2004年、18頁。

3） 塩野谷斉・佐分利育代編著、鳥取大学附属幼稚園『またあしたあそぼうね――幼稚園は人間力への確かな一歩――』古今社、2007年、85頁。

4） 同上、82頁。

5）『研究報告第24集　育ち合う――保育参加と子育て支援――』鳥取大学附属幼稚園、2005年、70頁。

6） 同上、70-72頁。

7）『研究報告第25集　育ち合う――保育参加と子育て支援――』鳥取大学附属幼稚園、2006年、203頁。

8） 同上、205頁。

参考文献

茨城大学教育学部附属幼稚園『「出会い・触れ合い・育ち合う」教育課程』明治図書出版、2003年。

小山孝子・佐藤佳代子『いっしょに子育て保育参観・保育参加』フレーベル館、2005年。

原坂一郎『保護者とうまくいく方法――日常編・行事編・クレーム編48のポイント――』ひかりのくに、2008年。

第9章 児童福祉施設における保護者支援・子育て支援
——事例研究——

はじめに

近年、児童虐待の増加とともに児童福祉施設におけるソーシャルワーク技法を用いた援助が必要になってきている。保育所では児童虐待への予防的な役割が求められ、不適切な養育（マルトリーメント）をされている子どもへの保育を実践する必要性が指摘されている。また、児童養護施設等の養護系施設では入所してくる子どもの多くは被虐待児童である。そのため、子ども自身がエンパワメントできるような援助、支援をしなければならない。さらに、保護者が抱える問題にアプローチをして親子関係の修復への援助や支援の必要性が指摘されている。子どもや保護者を援助や支援するためにはソーシャルワークの知識と技術が必要である。

本章では児童福祉施設の類型を設置目的に分類して養護系施設の現状をふまえながら、児童福祉施設の社会的役割と機能について理解する。さらに、養護系施設で実践されている保護者支援、子育て支援の事例を通してソーシャルワークの必要性を確認したうえで、その基本的な理論と内容、課題について論じていきたい。

1 児童福祉施設の類型

児童福祉施設の類型について、設置目的に分類すると次のようになる。設置目的は養護系施設、障害児系施設、育成系施設、保健系施設に分類できる。養護系施設は保護、養育、自立支援を目的としている。児童福祉施設として乳児院、母子生活支援施設、児童養護施設、情緒障害児短期治療施設、児童自立支援施設がこの類型に入る。障害児系施設は障害がある子どもに対して保護、療育、自活訓練などを目的としている。児童福祉施設としては、知的障害児施設、知的障害児通園施設、自閉症児施設、盲児施設、ろうあ児施設、肢体不自由施設、肢体不自由児通園施設、肢体不自由児療護施設、重症心身障害児施設、難聴幼児通園施設がこの類型に入る。育成系施設は子どもの健全育成などを目的としている。児童福祉施設として保育所、児童館、児童遊園、児童家庭支援センターがこの類型に入る。保健系の施設は出産に関して保健的支援を目的とし、助産施設がこれに当たる。

2 養護系施設の現状

厚生労働省雇用均等・児童家庭局家庭福祉課が実施した『平成19年度社会的養護施設に関する実態調査結果「中間報告」』(2008年10月)で示された、各施設の養護問題発生理由の上位5位は次の通りである。乳児院は、①母の精神障害等(27.8%)、②両親未婚(23.3%)、③母の放任・怠惰(17.3%)、④破産等の経済的理由(16.4%)、⑤母親の就労(13.6%)、である。児童養護施設は、①母の放任・怠惰(23.5%)、②父母の離婚(21.1%)、③母の精神障害等(16.5%)、④母の虐待・酷使(13.8%)、⑤破産等の経済的理由(11.8%)、である。情緒障害児短期治療施設は、①児童の問題による監護困難(45.5%)、②母の虐待・酷使(28.8%)、③母の放任・怠惰(27.1%)、④父母の離婚(24.9%)、⑤母の精神障害等(23.8%)、である。児童自立支援施設は、①児童の問題による監護困難(62.1%)、②父母の離婚(36.3%)、③母の放任・怠惰(26.9%)、④父の虐待・酷使(16.6%)、⑤母の虐待・酷使(14.2%)、である。

また、入所児童の被虐待児童の割合は、乳児院34.6%、児童養護施設59.2%、情緒障害児短期治療施設77.7%、児童自立支援施設63.5%となっている。そして、身体疾患・身体障害がある入所児童の割合は、乳児院28.7%、児童養護施設22.2%、情緒障害児短期治療施設29.8%、児童自立支援施設16.6%であり、発達障害・行動障害等がある入所児童の割合は、乳児院13.3%、児童養護施設20.0%、情緒障害児短期治療施設69.3%、児童自立支援施設39.6%となっている。この資料で、各施設に身体疾患・身体障害や発達障害・行動障害等がある入所児童が多くの割合で入所していることが示された。また、乳児院を除く養護系の児童福祉施設に入所している児童の半数以上が被虐待児であるという実態が明らかになっている。

3　児童養護施設での被虐待児への援助事例

1　事例概要

K男（小2男子）が母からの身体的及び心理的虐待をうけて、学校より児童相談所に通報が入る。一時保護所（児童相談所）にて一時保護された後に児童養護施設に入所する。2年間在籍中に親子関係の調整を行った結果、家庭引き取りになる。

K男（小学校2年生男子）、母子家庭、母親（33歳）。

援助者：A保育士（7年目の職員）、T児童指導員（12年目の職員）。

2　援助過程

(1)　インテーク・アセスメント（受理面接・評価）

《一時保護されるまでの経過》

母親が会社で上司と不倫関係になり、K男を妊娠するが上司が認知をしてくれなかったので会社を退職してK男を出産する。K男が5歳頃から英会話等の習いごとをさせて、課題ができなかったら罵倒しながら暴力をふるい、食事をさせない状況が続く。近隣住民より児童相談所に虐待通報があり、児童相談所が関わりを持とうと思うが母親はこれを拒否する。

K男は小学校に入学するがクラスの子どもたちとも関わりを持たない。6月初旬より、K男が教室で「ワン、ワン」「にゃん、にゃん」と動物のまねをして床にうずくまるようになる。登校後も顔色に生気がなく、唇もかさかさでいつ顔を洗ったのかわからない、食事をとっていないと思われる状況が続き、担任が牛乳やパンを食べさせる日々が続いた。

7月初旬にK男が担任に家には絶対に帰りたくないと訴える。校長も含めてK男を説得するが頑として動こうとしなかった。校長はK男に児童相談所のことを話して承諾を得た後、児童相談所へ通報して一時保護となる。

《一時保護中、児童相談所の母親へのアセスメント》

児童相談所の児童福祉司は母親に小学校より虐待通報があり、K男を一時保護した経緯について電話連絡を入れる。電話連絡を受けた母親は「児童相談所に何の権限があるのか」等と児童福祉司を攻撃した。数回にわたり児童福祉司が家庭訪問するが母親はドアを開けず会えない状況が続いた。ある日ドアが開き徐々に話ができるようになる。そして、児童相談所にて面接の設定をして数回話を聴いた。母親は面接で、「妊娠から出産への経過やK男への愛情を持っていること」等虐待でないことを訴えて家庭引き取りを希望した。児童福祉司は児童福祉施設入所措置を説明して施設入所を説得する。最終的に母親は虐待を認めなかったが児童養護施設入所を渋々承諾する。

(2) プランニング

《入所初期の行動観察とプランニング》

母親はK男が施設入所したときには同伴してこなかった。K男は児童福祉司につれられて施設にきたが玄関でうずくまり動こうとしなかった。しかも、児童福祉司に促されてようやく部屋に入るが隅っこにうずくまりそのまま寝てしまった。

翌日からの生活ではA保育士が声をかけてもほとんど反応することがなく、避けるような態度をとることが多い。しかし、T指導員が声をかけたら返事をするが、関係を深めようとすることはなかった。数日間はA保育士や同室の子どもが声を掛けてもほとんど返事をしないし、関わりを持たない状況が続く。A保育士は粘り強くK男に対して声をかけたりするが学校への登校も渋り、部屋から出ないことが多い。A保育士がK男に対して受容的に関わり、意識的に声をかけ続けると、日課を守らないが食事だけは食堂でみんなと取るようになる。1週間の行動観察後の施設内のケース会議で以下の援助方針が決まる。

① K男のペースを尊重して安心して生活できるようにする。

② K男の退行を受け入れて援助を行う。

③ 学校へは無理に登校させず、K男の気持ちを尊重する。

《入所1カ月の行動観察と自立支援計画（プランニング）》

K保育士がA男のペースを尊重して援助や声をかけ続けると、徐々に笑顔が出てきて、A保育士やT指導員にも甘えを見せるようになる。しかし、自分のペースを崩すことなく、他の子どもとの関わりはほとんど持たない状況が続いた。

K男が施設入所して1カ月後に母親と児童相談所と施設（主任児童指導員〈家庭支援専門相談員〉）の3者での話し合いが持たれて次のことが決定された。①入所期間は2年とする。②母親は施設でカウンセリングを受ける。③母親がカウンセリングを受けたことを確認して、K男との面会を開始する。④面会の様子を確認して外泊につなげる。但し、家庭引き取りは母親がK男に対して攻撃的にならなくなったことを確認できることが条件とされた。

母親との話し合いを終えてケース会議が開かれた。ケース会議参加者は施設側より主任児童指導員（家庭支援専門相談員）、Ａ保育士（７年目の職員）、Ｔ児童指導員（12年目の職員）、児童相談所より児童福祉司、心理判定員である。施設側より行動観察の報告が行われ、児童相談所からは一時保護中に実施された心理判定の結果報告がされた。それにより、児童自立支援計画が作成される。援助方針として以下のことが決まった。

「Ｋ男への援助方針」

① Ａ保育士とＫ男との１対１の関係を大切にして愛着関係を再構築する。

② Ｋ男のペースを尊重して安心して生活できるようにする。

③ 学校への登校を定着させる。また、心理治療を受けることにもなった。

「母親への援助方針」

① 施設で母親へのカウンセリングをする。

② Ｋ男との面会や外泊を通して親子関係を修復する。

⑶　インターベンション

《Ｋ男への援助や支援》

Ｋ男は他の子どもとの関わりを持とうとしないために、施設内で攻撃を受けることが増え始める。そのたびに、Ａ保育士やＴ児童指導員が仲裁に入り、Ｋ男へいらだちを持つ子どもに言い聞かせた。一方、Ａ保育士はできるだけ、１対１の関係を大切にして愛着関係が構築できるように援助を心がけた。次第に、Ｋ男はＡ保育士と２人になるとべったりと甘えを見せて、ひざまくらやおんぶをせがみ、退行現象を見せ始めた。そして、Ａ保育士はＫ男を受容してＫ男がすることを承認していくことを繰り返すうちに、Ｋ男は他の子どもたちと関わりを持ち始め、少しずつではあるが日課や施設のルールに従うようになり、他の子どもたちとのトラブルも少しずつ減少していった。

小学校へ登校しはじめた当初は、授業中に席を立ち歩く、体育の時間に体操服に着替えないなどクラス担任の指示に従わないことが多かったので施設に電話が入る。Ａ保育士とクラス担任とで話し合いを持ち、Ｋ男の特性や施設での援助方法を伝えた。クラス担任もＫ男の特性を理解して指導していくと、次第にＫ男は指示に従うことができるようになった。

《母親との親子関係の再構築》

母親は施設でカウンセリングを受けた後Ｋ男と面会をすることになる。面会当初はK男と母親との面会にはA保育士が同席していたが、母親がK男を攻撃しないことが確認できたときから、親子で話をする機会をつくる。面会終了後、母親担当はT児童指導員、K男担当はA保育士としてそれぞれの話を聞いてフィードバックをしながら気持ちの整理をして悩みを聞いた。

何度か面会を繰り返しても母親はK男に対して攻撃的にならなかった。母親のK男を早く引き取りたいという気持ちを尊重して外泊を許可して様子を見ることになる。そして、外泊から帰園してきた時にT指導員が母親から外泊時の様子を聞き、母親との関係を築いていった。しかし、母親は自分の思いを聞いてもらえないときはT指導員に対して攻撃的になることはあったが、落ち着きを取り戻したときには謝罪の言葉が出るようになる。

A保育士はT指導員から母親との面接内容を確認にした後に、K男と話をして外泊時の様子を聞いた。最初は少し不安感を訴えたがA保育士が母親の思いなどを伝えていくと徐々に落ち着きを取り戻していった。K男は数回の外泊を続けると少しずつ母親との接し方を身につけ、距離間のとり方もうまくなった。

(4) インターベンションとモニタリング

《入所して半年後から退所までの援助》

K男は明るくなり、日課や施設のルールに従って生活できるようになる。他の子どもとの関わりについても、うまくやっていけるようになってきた。しかし、言い争いをした後には素直に謝ることができない。自分より年齢の低い子どもに攻撃的になり、自分より年齢の高い子どもには服従するような行為が目立つようになる。A保育士はK男の行き過ぎた行為に対して注意等するが逸脱行為は続いた。K男への援助の方針として、基本的には受容的に関わることとして、逸脱行為に対しては理解できるまでねばり強く話をするということを続けた。最初は逸脱行為があったが、月日の経過とともに少しずつではあるが逸脱行為は終息しはじめる。そして、学校での生活も逸脱することが少なくなる。

(5) エバリィエーション

援助の経過や方法として、①面会等で保護者との信頼関係をつくりながら、保護者の生活や子どもへの思いを聞くことを心がける。②子どもの日常生活等を知らせて、親として尊重していることを伝える。③施設に設置されている親子生活訓練室などを利用して、親子がともに生活するための体験をさせる。④外出、外泊を通じて親子の良好な関係づくりを心がけて、親子関係を再構築出来るように援助・支援をする。⑤外泊等を繰り返し、親子関係の構築をはかり家庭引き取りに結びつけるなどがあげられる。

心理的虐待を受けた子どもと虐待をしていた母親との親子関係の再統合がうまくいき、親子で暮らせるようになったのは、母親の子どもに対する思いに着目して親子の意志を尊重して援助した結果である。しかし、問題はすべて解決したわけではなかったので、心理治療の継続を行うなど経過観察を行ったケースである。2年という期限を設定して援助した成果があり家庭引き取りになる。

おわりに

虐待を受けた子どもを親子分離して施設で保護すれば問題は終結したと考えてはいけない。何よりも大切な視点は、親子関係を再構築（修復）して親子で生活できるように援助しなければならないということである。しかし、虐待ケースの場合は親子関係の再構築が困難であることが多い。今回は成功した事例をあげたが、実際はうまくいかないことも多い。理由としては、保護者や子どもが抱えている問題が複雑に絡み合って、多くの問題が改善しにくいからである。親子関係の再構築が成功するためには、何よりも子どもや保護者自身が自尊感情を高めることが必要である。

親子関係の再構築への援助は保護者とのラポール形成を築くことである。保育士や児童指導員は保護者との関係を構築するには、受容的に保護者のありのままの姿を受け入れて、パートナーシップを築くことが大切になる。

演習問題

1．児童福祉施設における保護者支援、子育て支援について整理してみよう。
2．親子関係の再構築に必要なものは何かを考えてみよう。
3．児童福祉施設における保護者支援、子育て支援の必要性について話し合ってみよう。

参考文献

相澤譲治他編『新版 保育士をめざす人のソーシャルワーク』みらい、2005年。
厚生労働省雇用均等・児童家庭局家庭福祉課『平成19年度社会的養護施設に関する実態調査結果「中間報告」』2008年10月。
小林芳郎監修・杉本敏夫編『社会福祉援助技術論』保育出版社、2004年。
伊達悦子・辰己隆編『保育士をめざす人の養護原理』みらい、2010年。

第10章 保育ソーシャルワークと保育者の資質・専門性

はじめに

近年、保育施設の長である所長・園長をはじめ、保育士・幼稚園教諭等保育者（以下、保育者と略）は援助専門職として、子どもの保育とともに、子どもの保護者に対する保育に関する指導（以下、保育指導と略）や地域における子育て支援に取り組んでいくことが求められている。また、それに伴い、保育、幼児期の教育に関する相談・助言や情報提供、関係機関・関係者との連携などに係るソーシャルワークの原理（価値、態度）、知識、技術（能）を修得し、保育ソーシャルワークの力量を高めていくことが課題となっている。

本章では、保育ソーシャルワークにおける保育者の資質・専門性について、それはいかなる内容であるか、また、それを支える保育者の免許・資格、養成、研修はどうあるべきか、何が課題となるかについて論じていきたい。

1 保育者の資質・専門性としての保育ソーシャルワーク

現代の保育者は、その専門性の基礎をなす保育実践はもとより、保護者支援・子育て支援に関わる専門職としてもとらえられつつある。すなわち、まず、保育士について見れば、近年における地域子育て支援の中核を担う専門職としての重要性の高まり等への対応として、2001年に児童福祉法が一部改正され、保育士資格の法定化（いわゆる国家資格化）が図られた。保育士の定義については、「登録を受け、保育士の名称を用いて、専門的知識及び技術をもつて、児童の保育及び児童の保護者に対する保育に関する指導を行うことを業とする者をいう」（第18条の4）と定められ、保育所の子育て支援機能を保育士の職務内容に明確に位置づける等の改正が行われた。このため、保育所に勤務する保育士には、乳幼児等の保育に関する相談・助言を行うための知識及び技能の修得・維持・向上についての努力義務が課された（第48条の3第2項）。併せて、厚生労働省において、「家族援助論」の新設等保育士養成課程の見直しが行われ、新保育士養成課程が2002年度から施行された。他方、幼稚園教諭については、1998年、文部省（現・文部科学省）において、カウンセリング論の必修化等教員養成カリキュラムの見直しが行われ、新幼稚園教員養成課程が2000年度から施行された。また、2007年6月、学校教育法が一部改正され、「幼稚園においては、……幼児期の教育に関する各般の問題につき、保護者及び地域住民その他の関係者からの相談に応じ、必要な情報の提供及び助言を行うなど、家庭及び地域における幼児期の教育の支援に努めるものとする」（第24条）という規定が新設された。1)

前述の動きのなかで、保育者に求められる資質・専門性として、従前からの乳幼児の発達支援及び生存・生活支援に係る保育実践のみならず、入所（園）児童の保護者に対する支援及び地域の子育て家庭に対する支援に係るソーシャルワークについての知識・技術が必要不可欠になってきている。この点に関し、厚生労働省「保育所保育指針解説書」（2008年3月）は、保育所において、「子育て支援のため、保育士や他の専門性を有する職員が相応にソーシャルワーク機能を果たすことも必要」であり、保育所や保育士はソーシャルワークを中心的に担う専門機関や専門職ではないことに留意しつつ、（現状では）保育士が中心となって「ソーシャルワークの原理（態度）、知識、技術等への理解を深めた上で、援助を展開することが必要」である、と述べている。また、文部科学省「幼稚園における子育て支援に関する研修について」（同）も同様に、「子育て支援を行うためには、心理の専門職と同等の知識や技能を身につける必要はないが、カウンセリングの基礎知識を学ぶことは大切である」、「親子の葛藤や親の生き方を背景とする相談等に対応するに当たっては、発達支援に必要な人間関係や援助について学ぶことが必要となることもある」と指摘している。

このように、保育者には、近年における家庭の子育て力の低下を踏まえ、保護者支援・子育て支援についてのソーシャルワーク能力やカウンセリング能力などの専門性を高めていくことが求められている。併せて、保育者が保育現場における多様な課題に対応できるようにするため、免許・資格、養成、研修、さらには、保育施設の運営体制の改善・充実が喫緊の課題となっている。子どもの保育及び保護者支援・子育て支援に係る保育施設・保育者の果たすべき役割・機能、職務を、保育とソーシャルワークが交接する「保育ソーシャルワーク」という視点からとらえ直していくことが大切である。

2 保育ソーシャルワークの力量形成と保育者の免許・資格、養成、研修

保育ソーシャルワークの視点から、保護者支援・子育て支援において保育者に求められる力量を整理してみれば、大きく、以下の2つが考えられる。すなわち、第1には、現代の子育ち・子育てをめぐる環境の変化を踏まえ、特別な支援を必要とする家庭はもとより、1人1人の人間、市民、労働者としての保護者が置かれている状況や、保護者が抱えている子育ての問題・課題及び子育て支援ニーズを共感的にとらえることができる力である。保護者の生活上の悩みや子ども・子育てに対する願い・思いをしっかりと受け止め、保護者とともに子育てに関わるパートナーとして、相互の信頼関係、協力関係を築いていくことのできる力が求められる。そして、第2には、第1のそれを踏まえ、子どもと保護者の安定した関係や保護者の養育力の向上に向けて、保護者に対する保育指導や子育て等に関する相談・助言、情報提供、関係機関との連携など適切な支援を行うことのできる力である。親子をはじめ、地域における様々な人との関係づくりを含め、ミクロ、メゾ、マクロ各レベルにおけるソーシャルワーク実践を積極的に進めていくことのできる力が求められる。

では、こうした力量が求められている保育者の免許・資格、養成、研修の現状と改善に向けた取り組みはどのようであろうか。まず、保育士について見ておきたい。厚生労働省資料によれば、保育士養成は近年、保育ニーズの拡大等に伴い、養成施設が増えている（2009年4月現在、583カ所）。このうち、特に大学での保育士養成が年々増加している。養成施設では、毎年約4万5000人が保育士資格を取得しているが、その約8割は幼稚園教諭免許状一種または二種を同時に取得しており、全国統計では、養成施設を卒業して保育所に勤務する者は約46%となっている。保育士試験によっては毎年約4000～5000人が保育士となっており、試験による資格取得者は全体の約1割を占めている。また、保育士の研修については、自治体や保育団体などにより数多く実施されているものの、法制度的に未整備なままであるため、あくまでも任意での参加に過ぎない[2]（そのため、研修にあまり熱心でない施設も散見される）。

次いで、幼稚園教員についてはどうか。文部科学省調べによれば、2003年6月現在、養成機関別の幼稚園教員免許状取得者数の割合は教員養成大学・学部

が12.6%、一般大学・学部が48.2%、短期大学及び指定教員養成機関が32.4%などとなっている。そのうち、幼稚園教員就職者数（正規）は、短期大学及び指定教員養成施設卒業者が８割強（83.5%）を占めている[3)]。また、文部科学省「平成20年度幼児教育実態調査」（2009年３月）によれば、幼稚園教員（園長・教頭・教諭）のうち幼稚園教諭免許と保育士資格を併有している者の割合は、全体で72.7%となっている。公立幼稚園教員の研修については、他の小・中・高校等教員と同様、教育公務員特例法（1949年）に基づいて、自治体が主催する新規採用教員研修や10年経験者研修、園長等専門講座などが実施されている。私立幼稚園教員の多くは、保育団体などが実施する独自の研修以外に、これらにも参加しているが、その割合は必ずしも高いとはいえない。さらに、2007年６月の教育職員免許法一部改正により、「免許更新講習」が実施されている（2009年４月〜）。

こうした保育者の免許・資格、養成、研修のあり方をめぐって様々な改革案が提示され、改善に向けた取り組みも進められつつある。保育士については、近年における児童・家庭問題の多様化や複雑化に対応するため、厚生労働省「保育所保育指針」の改定（2008年３月）を受けて保育士養成課程の見直しが行われ、2011年４月から、新保育士養成課程が実施されている。内容的には当面、２年制の課程を基本としながらも、「保育相談支援」「児童家庭福祉」「社会的養護」「相談援助」等教科目の新設・名称変更に見られるように、保育士のソーシャルワーク的力量をより向上させることなどが志向されている。また、保育所長・主任保育士等研修においては、2000年頃から、保育マネジメント、保育ソーシャルワークに関する研修が充実されつつある。

幼稚園教員についても、同様に、幅広い資質向上策を講じる必要性が唱えられ、保護者とのかかわりにおけるカウンセリングマインドなど教育相談に応じられる専門性の確保が課題の１つとなっている[4)]。そして、2008年11月の教育職員免許法施行規則一部改正（施行は2009年４月）により、社会性や対人関係能力など教員として最小限必要な資質能力を修得することを目標とする「教職実践演習」の新設や、一種免許状所有教員の採用・配置の促進、子育て支援に対応した行政主催研修の改善・充実が図られる、などしている。

3 保育ソーシャルワークと保育者の資質・専門性をめぐる課題

前記のごとく、保育実践の必要及び法制上の要請から、保育者が保育ソーシャルワークを担っていくことが不可欠になっている。では、保育ソーシャルワークと保育者の資質・専門性をめぐる課題とは何であろうか。以下では、中・長期的な展望を含みつつ、3点指摘しておきたい。

第1点は、保育ソーシャルワークの視点から、保育者に求められる資質・専門性のあり方についてさらに考究していく必要があるということである。

現代の保育者は、子どもの発達支援にプラスして、保護者支援・子育て支援を含む家族支援・子育て力の低下した地域への支援に対する力量が求められている。しかしながら、保育士養成にあっては、2年制での養成を前提としたカリキュラムであることや保育所保育士に比重を置いたカリキュラムであること、保育士の職域の広がりや深まりに十分対応しきれていないことなどが問題点として指摘されている。子育て支援ニーズの多様化・複雑化に伴い、保育士の資質・専門性のさらなる向上をめざし、「ソーシャルワークと重複する専門性を持つ高い専門職[5)]」あるいは、「子どもの生活（ケア）とライフコース全般を視野に入れ、子ども・家庭・地域をホリスティックに支援することをマネジメントする専門職[6)]」という観点から、保育士養成カリキュラムを根本的に見直していくことが望まれる。

その具体例の1つとして、家族支援、相談援助、施設養護、障害児等の理論と実践（演習）のカリキュラムの深化・拡充の必要性があげられる。それは、当然のことながら、4年制保育士養成課程の創設や大学院における養成・研究を展望するものであるが、この点については、すでにいくつかの関連する提言がなされている[7)]。それらを素材にしつつ、児童の保育に係る保育士としての資質・専門性のコアをベース（基礎資格）としたうえで、保護者支援・子育て支援をスペシフィックに担うことのできる人材養成を構想していくことが課題である。

第2点は、第1点と深くかかわるが、保育ソーシャルワークの観点から、これまで2年制の課程を基本としてきた保育士資格のあり方を抜本的に見直していく必要があるということである。

近年、幼稚園と保育所の連携強化や認定こども園の創設等施設の総合化が進展するなかで、幼稚園教諭免許状と保育士資格の併有促進が進められ、資格の「一元化」「共通化」も検討課題として浮上している。こうした状況にあって、保育士としての高度な専門性を確立し、これに対する社会的信頼と認識を高めるために[8)]、4年制保育士資格の創設が喫緊の課題となっているといえるであろう。すでに幼稚園教員にあっては、戦後教員養成の原則としての「大学における教員養成」という基本的理念のもと、教育職員免許法（1949年）により、普通免許状の種類の区分化（専修、一種、二種）や、一種免許状を標準とする上級免許状への上伸（じょうしん）の努力義務化などが図られている。こうした近接する幼稚園教員免許状を視野に入れつつ、法制度的整備を含め、児童の保育及び保護者支援・子育て支援に係る4年制保育士資格のあり方について制度設計していくことが望まれる。

また、幼稚園界においては2008年度から、教職大学院[9)]による高度な専門職養成が行われているが、保育所界も同様に、保育学・保育ソーシャルワークの理論研究の向上とともに、実習、事例研究、フィールドワーク、ワークショップ、シミュレーション、ロールプレイングなどを習得した高度な実務能力・リーダーシップを発揮できる人材養成が求められている。今後は、これらの理論と実践を基盤とした保護者支援・子育て支援・地域支援を中核的に担うことのできる子育て支援専門職（仮称「子育て支援士」）の養成についても、積極的に検討されてしかるべきである。

第3点は、保育ソーシャルワークについての学びをはじめ、保育士が目標を持って学習することができ、その成果を生かすことのできる研修体制を整備確立していくことが必要であるということである。

保育者の研修の意義についてはここで改めて繰り返すまでもないが、法制度的な側面を含め、そのグランドデザインを構想していくことが望まれる。前述したように、幼稚園教諭にあってはきわめて不十分ながらも、法的なバックアップのもとに体系的な研修体制が組まれている。保育界におけるそれに向けた取組みは、厚生労働省文書が記しているように、「保育士がやりがいを感じながら、将来にわたって働き続けられるようにすることにより、保育現場における質の高い人材を安定的に確保し、その定着を促進していく[10)]」ためにも不可欠である。

この点に関して、北野幸子は、「保育現場の課題として、キャリアをどのように積んでいくのかが、イメージしにくい点があげられる。よって、実際に、意欲的に学び続け力量の高い保育者であることが、他者にもわかるように、資格が、待遇や地位、実際の業務内容に反映されるよう改善する必要がある[11]」と述べているが、的を射た指摘である。

また、同時に忘れてならないことは、施設長・主任保育士等経営トップ層についても、資格要件の確立とともに、その資質・専門性の向上を図るための条件整備が求められているということである。資格を持ちながら保育士にならなかった者や何らかの事情で一旦保育現場を離れた者の再教育を含め、保育士がキャリア・ラダー・モデル（梯子（はしご）を登るように積み重ねていく標準的なキャリアパタン）のイメージを持って、自身の資質・専門性を向上させていけるような仕組みづくりが課題である。

おわりに

2011年４月から、保育士養成や保育現場における諸課題に対応すべく改正された新保育士養成課程が実施されている。保育所の役割と責務、制度的位置づけや保護者に対する保育指導、保育の実践力・応用力などをキーワードに、保育士のさらなる力量形成が期待されている。各養成施設にあっては、それぞれの理念・方針や修業年限の違い等を踏まえながら、保育士養成課程の改正を契機に、保育ソーシャルワーク教育の充実を図っていくことが望まれる。上述したように、保育ソーシャルワークの観点から、４年制保育士養成課程の創設や幼稚園教諭を含む保育者のキャリアアップ（免許・資格改革を含む）、大学院における養成・研究など、保育者の資質・専門性のさらなる向上を視野に入れた改革課題も残されているが、今後の展開を見守っていきたい。

演習問題

1．保育ソーシャルワークの観点から、保育者に求められる資質・専門性とはどのようなものであるか、考えてみよう。
2．保育ソーシャルワークの観点から、保育者の免許・資格をめぐる動向を整理してみよう。
3．保育ソーシャルワークの観点から、保育者の養成・研修をめぐる課題をまとめてみよう。

注

1）伊藤良高・中谷彪編『子ども家庭福祉のフロンティア』晃洋書房、2008年、38頁。

2）厚生労働省・保育士養成課程等検討会「保育士養成課程等の改正について（中間まとめ）」2010年３月。

3）文部科学省・中央教育審議会初等中等教育分科会教員養成部会（第24回）配布資料「教員養成・免許制度等に関する基礎データ」2004年６月。

4）参照：文部科学省「幼児教育振興アクションプログラム」2006年10月、同「幼稚園における子育て支援に関する研修について――研修プログラム作成のために――」2008年３月。

5）金子恵美「子ども家庭に関わる専門職の今後」、藤岡孝志監修、日本社会事業大学児童ソーシャルワーク課程編『これからの子ども家庭ソーシャルワーカー――スペシャリスト養成の実践――』ミネルヴァ書房、2010年、67頁。

6）同上、65頁。

7）４年制保育士養成の必要性については、早くも1990年頃から、全国社会福祉協議会、全国保育協議会、全国保母（保育士）養成協議会等により唱えられ、今日に至っている。参照：全国保母養成協議会『保育士養成資料集：保育士の役割の再認識――養成課程の見直し――』第27号、1999年、全国保育士養成協議会『保育士養成資料集：保育士養成システムのパラダイム転換――新たな専門職像の視点から――』第44号、2006年、ほか。

8）保育士資格の「国家試験」実施の可否については、多種多様な意見が予想されるが、社会福祉士、介護福祉士、精神保健福祉士等ほかの社会福祉専門職や類似する幼稚園教諭との関係を考慮しながら、慎重な対応が求められる。仮に実施となれば、「保育者養成は原則として養成施設で行う」という基本原理の変更や養成施設の受験機関化、合格者数・合格率をめぐる養成施設間の競争激化、合格・不合格に係る悲喜交々（合格率アップのための養成施設における国家試験受験者の絞り込みや不合格による就職内定の取消し、民間企業に流れる人材の増加等）が想定され、安直に首肯するわけにいかない。

9）教職大学院は、専門職大学院の１つとして創設されたものであるが、①高度で専門的な職業能力を有する人材養成、②理論と実務を架橋した高度で実践的な教育、③高度の実務能力を有する実務家教員を一定割合配置、という点に特徴がある。社会人を対象としたコース・開講時間・入学者選抜が設けられており、保育現場におけるリーダー（中核的中堅教員）を養成することを目的としている。

10）注２）に同じ。

11）北野幸子「保育専門職の資質・専門性向上と資格・養成・研修問題」、伊藤良高・中谷彪・北野幸子編『幼児教育のフロンティア』晃洋書房、2009年、83頁。

参考文献

伊藤良高『保育所経営の基本問題』北樹出版、2002年。
伊藤良高『新時代の幼児教育と幼稚園――理念・戦略・実践――』晃洋書房、2009年。
伊藤良高・大津尚志・中谷彪編『新教育基本法のフロンティア』晃洋書房、2010年。
伊藤良高・中谷彪編『子ども家庭福祉のフロンティア』晃洋書房、2008年。
文部科学省「幼稚園教員の資質向上について――自ら学ぶ幼稚園教員のために――（報告)」2002年。

コラム3

▶地域子育て支援拠点事業のこれまでとこれから

地域子育て支援拠点事業の内容

地域子育て拠点事業は、厚生労働省による「児童環境づくり基盤整備事業」の一環として、児童が健やかに生まれ育つための児童環境づくりの基盤整備を総合的に推進することを目的として取り組まれているものである。実施主体は市町村（特別区を含む）であるが、事業の全部または一部を適切な事業運営ができる社会福祉法人、特定非営利活動法人、民間事業者等に委託等することができる。

実施形態は、「ひろば型」「センター型」「児童館型」の3種類となっている。事業内容については、①子育て親子の交流の場の提供と交流の促進、②子育て等に関する相談、援助の実施、③地域の子育て関連情報の提供、④子育て及び子育て支援に関する講習等の実施、の4事業を、3種類共通の基本事業としており、実施形態の機能に応じて、特徴ある事業がそれぞれに行われている。

地域子育て支援拠点事業の予算案と実施箇所からの推移状況

地域子育て支援事業の予算は、2008年度100億8800万円から2009年度101億9300万円と1億円強の増加である。予算増の要因の1つとして、親子で気軽に歩いて出向ける範囲での地域に密着した常設施設としてのひろば型を、2008年度1080カ所から2009年度は3100カ所へと目標数を3倍弱に設定したことが考えられる。また、同時に機能の拡充を図る為に、実施形態に新たにひろば型に「機能拡充型」を追加している。地域の子育て支援拠点として、多様な子育て支援活動を実施し、関係機関とのネットワーク化を図り、子育て家庭へのきめ細かい支援を行い、機能拡充を図るものについて、別途、機能拡充に係る評価ポイントを実施し、予算単価をひろば型の5日型については通常単価435万5000円から、739万円と引き上げている。

年　度	ひろば型	センター型	児童館型	合　計
2008年度	1,251	3,470	168	4,889
2009年度	1,527	3,477	195	5,199
2009年度目標数	3,300	3,200	600	7,100

出典：児童環境整備事業補助金最終交付決定ベース。

次に、2008年度、2009年度地域子育て支援実施箇所数を比較してみる。

表にあるように、ひろば型の実施数はこの1年間で276カ所増加しているが、設置目標数の達成率をみると、センター型は109%の達成に対し、ひろば型の目標達成率は46%となっている。センター型は、「子育て支援センター事業」にて地域の子育て支援を中心的に担ってきたセンター事業を継承し、今後も、地域の子育て支援のコアとしてセンター型を考えている市町村が多いことが推測される。

地域子育て支援において「センター型」の果たす役割

地域で子どもが育つ過程において、日常的な生活拠点を基点とする子育て支援が求められている。すなわち、"顔の見える範囲"（たとえば小・中学校区）の地域で、親子、支援者、地域住民が子育ち・子育てを軸に交流し、互いの知識や経験を出し合うことが大切になっている。しかしながら、現実には、子育ての困難や悩みによってはかえって身近な人に知られたくないことも少なくないし、療育相談や深刻な子育て相談の場合などは、高度な専門的力量を持つスタッフが対応したり、関連する他機関と連絡・調整したりすることが必要となってくる。そこで、「センター型」と呼ばれる地域子育て拠点が、地域における子育て支援の中核的・基幹的存在として、「地域の子育て支援情報の収集・提供に努め、子育て全般に関する専門的な支援を行う拠点として機能するとともに、既存のネットワークや子育て支援活動を行う団体等と連携しながら、地域に出向いた地域支援活動を展開する」（「地域子育て支援拠点事業の概要」）ことが期待されている。地域の実情に応じつつ、「センター型」としての特徴を活かしながら、その活動に積極的に取り組んでいくため、従事者として保育士等の専門家（2名以上）をあたらせるようにしている。

地域子育て支援拠点事業のこれから

「子ども・子育てビジョン」（2010年1月）で子育て支援拠点施設数の拡充が指摘されている一方、20年余りの子育て支援活動の中で、地域での親子へのサービス提供の量と質に、格差が現れてきた。格差の是正には、関係機関やサークル間が、不足分を補い研鑽するために協働する「つながり」が大切になってくると思われる。このつながりは、つながる関係機関の数の増加も大切である。子育て中の家族にとってサービス提供者が身近にあれば気軽に利用出来る可能性も増え、自分にあったサービス提供者の選択が可能となる。数の増加とともにつながる質を高いものにする必要もある。では、地域子育て支援にとって、質の高いつながりにするには何が必要であるか。質の高いつながりを行う為に、3つの視点が必要と考える。すなわち、1つは、同じ機能を持った子育て支援機関同士のつながりを密にすることの必要性、2つは、子育て支援につながる全ての社会資源を含むつながりを密にすることの必要性、そして、3つは、それぞれの子育て機関を結ぶ結束点（ハブ）の担い手としての地域子育て拠点事業センター型の活用、である。

保育士の力量については、保育専門職として蓄積してきたケアワークを土台とし、保護者を含めた家族をも対象にするソーシャルワーク的なサポートを行っていく専門性が求められると考えられる。そのうえで、地域子育て支援拠点事業のセンター型の保育士には、①地域に出向いて支援するアウトリーチ、②子育てサークルの運営を行う人々や親子を対象としたグループワーク、③子育て支援関係機関のコーディネート、④子育て支援を通じての地域づくりを行うコミュニティワーク等を、理論的・実践的に行うことの出来るスキルを専門的に学ぶ必要が重要になってくると思われる。

第11章 保育スーパービジョンの理論と実践

はじめに

近年、保育所における保護者への支援という役割が注目されている。この点は、2008年３月に改定された厚生労働省「保育所保育指針」において明示的に示されている。すなわち、その中心的役割を担う保育士は、これまでの乳幼児の発達支援、生活支援としての保育を通じて蓄積してきた専門性を有しているが、その専門性を踏まえ、保護者への相談援助等も含めた児童福祉施設における社会福祉専門職（以下、ソーシャルワーカーと略）としての役割の強化が図られている。また、保育所長・主任保育士等の保育所職員の資質向上に資する専門性が指摘されている。この点は、ソーシャルワーカーの支援技術であるスーパービジョンを示唆するものである。

さらに、全国保育士会「子育て相談・援助技術専門研修会／保育スーパーバイザー養成研修」におけるOGSVモデル[1)]による基礎的相談・援助技術（ロールプレイ形式）の演習や、ケアマネジメント・システムを用いた問題解決システムの習得といったリカレント教育のなかでもスーパービジョンは注目を集めている。本章では、このような動向をふまえ、ソーシャルワーカーとしての保育士という観点から、保育実践及び保護者支援・子育て支援実践における保育スーパービジョンの基本的枠組みに関して論じていきたい。

1　ソーシャルワーカーとしての保育士

2003年７月に、国、地方自治体及び企業における10年間の集中的・計画的な取組みを促進するため、「次世代育成支援対策推進法」が制定された。その基本的な考え方として、保育所等が地域子育て支援センターとして、広く地域の子育て家庭の相談に応じるとともに、虐待などに至る前の予防対応を行うなど、一定のソーシャルワーク機能を発揮していくことが必要である[2]」と子育て支援施策の基本的方向の１つとしてのソーシャルワーク機能の発揮・強化が打ち出されるとともに、その機能を担う保育士の専門性向上についての提案がなされた。なかでも近年増加している、家庭の子育て力の低下を踏まえ、相談援助を含む子育て支援などのソーシャルワーク的支援を必要とする新たな対応に向け、一定の実務経験を積んだ保育士等を、こうした役割を担うスタッフ（保育ソーシャルワーカー）として養成、教育していくシステムの在り方の提案をしている点が注目されている。

このように、子育て支援と関連しながら「保育ソーシャルワーク」というワードが整理されつつある。その特色としては、子育て支援を中心に、保育所、幼稚園、医療機関、児童相談所など様々な機関との連携・協働に対する認識が高まっているといえる。これらは、保育所の新たな機能として、保護者支援・地域子育て支援が重視されてきたことの表れであり、乳幼児の発達支援、生活支援を主とするミクロ（個別）・レベルの「保育」から、保護者支援（入所児童の保護者への支援）・地域子育て支援（地域の在宅子育て家庭への支援）といったメゾ（地域・施設）・レベルの重要な機能として位置づける「保育ソーシャルワーク」へという質的転換を求めるものといえよう。

しかし、保育所の専門機能である乳幼児の発達支援、生活支援を主とする保育に加えてソーシャルワーク機能が必要であるという点は認めつつも、誰がどのように担うのか、どの援助をソーシャルワークと指すのか等については統一した見解はないことも事実である。保育士はその資格・職種が児童福祉法に規定されており、その専門性については、立場や視点によって様々な主張がある。その中で、どれだけの保育士がソーシャルワーカーとしてのアイデンティティを有しているであろうか。

野澤正子は、「これまで保育内容における技術とは、主として音楽、絵画制作、体育の基礎技能にかかわる技術を指すことが多かった[3]」と保育の専門性について、保育内容や発達支援・教育的側面への関心が高かった点を指摘している。

また、山縣文治は、「保育サービスは児童福祉の中でももっとも大きなシェアを占め、社会福祉全体からみた位置も量的にはきわめて大きい。逆に、このことが保育サービスを、一般の児童福祉サービスとは独立して存在するサービスとして、社会的に位置づけさせることになり、保育サービスにおける福祉的意味を忘れさせることになった[4]」と、ソーシャルワーカーとしての保育士の専門性についてあまり関心が寄せられてこなかった点、さらに保育士が乳幼児教育専門職としてのアイデンティティを有するにいたった背景を分析している。

このような背景を鑑(かんが)みると、保育ソーシャルワークという言葉が一人歩きすることになってしまい、自らの保育実践や子育て支援実践がどのように子どもや親・保護者、家庭の福利に貢献しうるのかという視点が欠落する可能性がある。そうならないためにも、保育士はソーシャルワーカーとしての価値や倫理、視点などを他のソーシャルワーカーと共有しなければならない。

2 スーパービジョンの意義

スーパービジョン（supervision）という言葉は、ラテン語の super（上）と visus（見る）より構成されており、対人援助専門職が自らの専門性を高めていくための教育訓練の方法である。スーパービジョンにおいては、高度な専門機能を背景に助言・指導を行うスーパーバイザー（supervisor）と、その受け手であるスーパーバイジー（supervisee）との間に、専門知識と技術を成立させる価値体系と規範が不可欠な要素となっている。その方法としては、臨床心理学、相談心理学、カウンセリング、コミュニケーション論などを背景とする理論やトレーニングの種類があるが、わが国においては、事例検討会、面接技術のロールプレイ、交流分析[5]、感受性訓練、エンカウンター[6]等が多用されている。

1990年代以降、わが国の社会福祉は大きな転換期を迎え、社会福祉基礎構造改革後、より高度な知識や技術を有する専門職の養成が求められるようになった。そのような背景から、ソーシャルワーカーに対する、クライエントの複雑な生活背景からニーズをアセスメントする視点、有効な援助関係を形成するためのスキルアップの必要性が高まり、スーパービジョンは普遍化した。

すでに多くの先行研究において、スーパービジョンの社会福祉実践におけるバーンアウト（burn out）予防に関する有効性が明らかになっており、その機能を①支持、②教育、③管理、④評価と整理されてきている。米国でのスーパービジョン研究の第一人者であるカデューシン（Kadushin, C.）は、スーパービジョンの教育的機能を強調している。そのトレーニングにおいては、スーパーバイジーの担当するクライエントや直面している問題の固有性に応じ、そのニーズに見合ったかたちで実施されていく点を重視している。

さらに、その方法を述べるなかで個別性を強調し、スーパーバイザーとスーパーバイジーとの間の援助関係の形成の必要性を示唆している。依田（福山）和女は、「スーパーバイザーとスーパーバイジーとの間で、はっきり結んだ契約関係の中で、スーパーバイジーが学びたいと思うその学習ニードを満たすことを目標とし、スーパーバイザーが暖かい援助・支持をもってスーパーバイジーを教授・指導していく過程[7]」とし、一貫してスーパービジョンを過程としてとらえつつも教育的機能を重視している。スーパービジョンと自己覚知について、今堀美樹は、バイスティック理論をふまえた実践をするための自己覚知のスキルとしてスーパービジョンの有用性を主張している。

このようにスーパービジョンとは、ソーシャルワーカーのスキル向上を通じ、クライエントとの援助関係・福利を良好なものにするためのトレーニング方法であり、感情労働・臨床に対峙（たいじ）するソーシャルワーカーをサポートする方法でもある。その展開過程は、その理論モデル、手法、対象等に応じてきわめて多彩である。また、スーパーバイジーのかかえる１つのケースを通じ、スーパーバイジーのパーソナリティも含めた全体として把握し、スーパービジョン関係を通じた人間的成長を援助することであり、教育的・指導的機能と併せて支持的機能が重視される。

3　反省的実践家とスーパービジョン

保育の専門性については、「反省的実践家」としての専門職像が探究されてきた。ショーン（Schon, D. A.）の提起する「反省的実践」（reflective practice）は、教育、医学、臨床心理学、ソーシャルワークに不可欠といわれている。これは、保育が社会科学に帰属し、応用科学であり、偶発性を多く含み、不確実で多くの曖昧さを有する対人援助実践であることに対し、専門的理論や技術が不断に問い直されるものであるという「振り返り」の視点、換言すればソーシャルワーク過程におけるモニタリングの重要性を示唆したものといえよう。

渡部律子は、理論を実践で応用するためのトレーニングにスーパービジョを位置づけ、「自分自身もその中で反応をし、自らの『気づき』と『介入』を変化させ続ける『行動の中での内省（振り返り）』をする[8]」として、対人援助専門職としてのソーシャルワーカーの専門性を主張するうえで単なる個人的援助観や常識を超えた専門職業的価値観、社会科学に関する知識、経験知とスキルの必要性を主張している。このようにソーシャルワーク等の対人援助においては、クライエント理解、援助関係の形成、課題解決へ向けての方法論などに関して、心理学、社会学、文化人類学等の研究領域に存在する理論が応用される。

「アメリカの場合、『プロフェッショナルである』ためには『普遍的な価値に支えられた明確な職業倫理をもっていることが必要』であると考えられており、その養成には理論のみではなく体験学習が必須とされている」[9] 深澤道子は、このようにアメリカのソーシャルワーカー養成カリキュラムにふれながら、ワーカー自身が自己の知識・技術・価値・自己能力のレベルをアセスメントし、これを認識し真摯(しんし)に受け止める能力が求められる、と、自己覚知とトレーニング・システムの重要性を主張している。しかし、この作業は、ワーカーにとって経験の有無を問わず困難な課題であり、単独で行うには限界が多い。その限界を補完的にサポートするものがスーパービジョンである。

4 保育スーパービジョンの現状と課題

これまで保育を含むソーシャルワークの領域において、具体的スーパービジョンのシステムづくりがなされていたかといえば必ずしもそうとはいえない。

野坂勉は、保育所長のスーパービジョン機能について、日本保育協会「保育所の保育内容の実態に関する調査研究報告書」(1998年) の中で、保育内容として技術的指導、あるいは保育方針と目標の具体化と活動展開についての評価が主であると指摘している。これはスーパービジョン自体が曖昧さを含み、その展開方法も普遍化しておらず、また、支持的機能よりも経験知に基づく指導教育が重視されているということの表れと言えよう。また、塩村公子は、2000年に実施した民間社会福祉施設 (保育所を含む) の長を対象とする調査のなかで、スーパービジョンという用語は普遍化しているが、少なくとも従来、文献等で紹介されてきたようなスーパービジョンは社会福祉の現場では実践されていない。また、教育・養成・育成ではなくベテラン職員の指導・助言という認識が多く、スーパービジョンに似た要素を持つ活動を、ケース検討会や施設内研修を通じ無自覚的に行われている点を課題としている。

保育所にあっては、保育に関わる専門知識とスキル、そして、その基礎となる福祉と保育に関する専門諸科学を共有することが不可欠である。そうでなければ、スーパーバイザーとスーパーバイジーが職務上の指揮命令と服従関係になるか、あるいは、スーパービジョンが一般的な身上監督指導といった人事管理や、職務上の勤務評定や考課査定になってしまう恐れがある。これは、保育実践が社会福祉領域における対人援助である所以(ゆえん)である。

近年、全国保育士会によるリカレント教育として「保育スーパーバイザー養成研修」が開催されるなど、保育領域でもスーパービジョンに対するニーズが高まりつつある。その背景には、地域の子育て家庭に対する相談援助機能の強化や、虐待などの問題への予防対応をも含めた一定のソーシャルワーク機能の強化がうかがえる。この点に注視すると、スーパービジョンに対するニーズの不明瞭さを背景として、ソーシャルワークとスーパービジョンの関係、保育ソーシャルワークのあり方の議論のなかで各々を結びつけるものが十分ではないといえよう。

スーパービジョンに求められることは、援助者に対人援助の本質を伝え、実践可能なレベルまでサポートし、環境調整を含めて育成することである。今後は、社会福祉士など専門資格の併有促進といった保育士養成課程の充実・改善また、保育領域で探求されてきた「反省的実践家」としての専門職像を確立するための組織・制度としての保育スーパービジョンの体系化が課題である。

おわりに

保育界においては「保育所内保育・教育から、保育所が行う保育ソーシャルワークへ」というパラダイムシフト[10)]が提言されている。つまり、保育ソーシャルワークの視点は、子ども家庭福祉、保育における実践方法においても、子どもの発達支援、地域子育て支援、親支援、地域における支援ネットワークの構築、アドボカシーといった援助方法を横断的かつ総合的にマネジメントする方向にあるといえよう。今後、保育スーパービジョンの位置づけを検討していくにあたっては、スーパービジョンを、ソーシャルワーク実践の価値と目的、その目的と達成するための取組みとして検討していく事が望まれる。また、それは「監督指導」「助言指導」ではなく、保育実践の現場で活用され得る“実践的な知”と“実践的なスキル”として考究されていくべきであろう。

演習問題

1. スーパービジョンの形態について整理してみよう。

2．スーパービジョンの効果について調べてみよう。

3．保育領域にスーパービジョンがどのように活用されているか調べてみよう。

注

1） OGSV：奥川幸子によるピア・グループ・スーパービジョンの概念モデル。2001年に厚生労働省が実施した介護支援専門員指導者研修において用いられた。

2） 厚生労働省・次世代育成支援施策の在り方に関する研究会「社会連帯による次世代育成支援に向けて」2003年。

3） 野澤正子「保育内容と技術」、待井和江・野澤正子・川原佐公編著『保育内容論』東京書籍、1995年、211頁。

4） 山縣文治「保育サービス」、庄司洋子・松原康雄・山縣文治編『家族・児童福祉』有斐閣、1998年、119頁。

5） 精神科医エリック・バーンによって提唱された人格と個人の成長と変化における体系的な心理療法の理論。

6） カールロジャーズが開発したクライエント中心療法の理論を発展させたもの。ファシリテーターのサポートによりグループで感じた事を思うままに本音で話し合っていく。

7） 依田（福山）和女「ケースワークにおけるスーパービジョン――その必要性と問題点――」、大塚達雄・岡田藤太郎編『ケースワーク論――日本的展開をめざして』ミネルヴァ書房、1978年、306頁。

8） 渡部律子『基礎から学ぶ　気づきの事例検討会　スーパーバイザーがいなくても実践力は高められる』中央法規、2007年、12頁。

9） 深澤道子『現代のエスプリ422：カウンセリングとソーシャルワーク』至文堂、2002年、6頁。

10） その時代や分野において、今まで当然のことと考えられていた認識や思想、価値観などが劇的に変化することをいう。

参考文献

伊藤良高『幼児教育の明日を拓く幼稚園経営――視点と課題――』北樹出版、2004年。

北島英治・副田あけみ・高橋重宏・渡部律子『ソーシャルワーク実践の基礎理論』有斐閣、2002年。

高橋重宏・山縣文治・才村純編『子ども家庭福祉とソーシャルワーク』有斐閣、2002年。

鶴宏史『保育ソーシャルワーク論　社会福祉専門職としてのアイデンティティ』あいり出版、2009年。

西尾祐吾・橘高通泰・熊谷忠和編著『ソーシャルワークの固有性を問う――その日本的展

開をめざして――』晃洋書房、2005年。
山縣文治『現代保育論』ミネルヴァ書房、2002年。
渡部律子『基礎から学ぶ　気づきの事例検討会　スーパーバイザーがいなくても実践力は高められる』中央法規、2007年。

コラム４

▶園長・主任等リーダー層の経営能力としての保育スーパービジョン

ようやく検討されはじめた保育所長・主任保育士等リーダー層の経営能力

ここ数年、幼稚園・保育所の一体化等保育制度改革の展開のなかで、保育所経営・幼稚園経営・認定こども園経営などの保育施設経営及び園（所）長・主任保育士（教諭）等リーダー層の経営実践やその専門（職）性、リーダーシップ、経営能力等についての関心が高まっている。また、それらを「保育と経営の統一」としての「保育経営」ないし「保育マネジメント」（以下、「保育マネジメント」と略）という視点からとらえようとする動きも現れてきている。

保育所界において、こうした動きの直接的契機の１つとなったものが、2008年３月に改定された厚生労働省「保育所保育指針」である。すなわち、同指針は、改定の要点として、「保育所の役割の明確化」「保育の質を高める仕組みづくり」などを掲げ、保育の質及び職員の資質向上に関する施設長の責務の１つとして「職員及び保育所の課題を踏まえた保育所内外の研修を体系的、計画的に実施するとともに、職員の自己研鑽（さん）に対する援助や助言に努めること」と明記している。また、厚生労働省「保育所保育指針解説書」（2008年３月）において、施設長や主任保育士など指導的立場の職員のあるべき姿勢として、「職員が自ら学びたいと思う気持ちは極めて貴重なものです。施設長や主任保育士をはじめリーダー的立場の職員は、その意欲を大切にしながら、指導や助言をします。また一人一人の職員が直面している問題、あるいは挑戦しようと臨んでいる課題などを把握し、その上で、問題や課題の内容と職員の力量の両方を踏まえ、適切な研修内容や手段を提供し、助言を行います」と述べている。これらの文書において、ソーシャルワークの関連援助技術である「スーパービジョン」という言葉は用いられてはいないものの、保育所職員の資質向上に資する指導、助言の有用性が指摘されている。まさしく、保育所長・主任保育士等リーダー層の経営能力の１つとして、保育実践及び保護者支援・子育て支援活動におけるスーパービジョン、すなわち、「保育スーパービジョン」が求められているのである。

長年の経験や勘にのみ頼るのではなく、体系的で科学的な保育スーパービジョンを

筆者は近年、保育所・幼稚園等保育施設の経営問題に関心を抱き、これまでにいくつかの研究成果を世に問うてきている。『現代保育所経営論――保育自治の探究――』（北樹出版、1999年。増補版は2002年）や『保育所経営の基本問題』（北樹出版、2002年）、『幼児教育の明日を拓く幼稚園経営――視点と課題――』（北樹出版、2004年)、『新時代の幼児教育と幼稚園――理念・戦略・実践――』(晃洋書房、2009年)、『保育制度改革と保育施設経営――保育所経営の理論と実践に関する研究――』(風間書房、2011年) などがそれであるが、筆者が保育学・教育学の視点から、保育所経営・幼稚園経営問題にアプローチし始めた十数年前に比べると、前述のような動きもあり、「保育マネジメント」に対する関心は急速に高まっているように感じられる (たとえば、財団法人こども未来財団「保育所長の資格要件及び責務に関する調査研究」2010年3月)。最近は、研究活動の一環として、経営トップ層としての保育所長・幼稚園長や主任保育士・主任教諭等の地位、役割・職務、資質、経営能力についての理論的・実証的研究を行ってきているが、保育施設経営実践に係る園長・主任等の資質・経営能力論として、「保育スーパービジョン」に関する研究を深めていくことが重要な課題であると考えている。

ソーシャルワーク論の教えるところによれば、スーパービジョンは、「本来施設機関等の設置者 (理事会、評議会) が設定した事業の目的や目標に相応しいサービスや実践活動が実施されているかを監視し、監督することに端を発しているといわれている」が、「それがやがて第一線の現業の場面で職員が利用者に利益になるようなサービスを行っているか否かについての反省や指導など職員の援助に関わる技能や技術、接遇のあり方など職員の資質の向上を目指す指導、監督にスーパービジョンの比重が移動」してきている、という (岡本民夫・平塚良子編著『新しいソーシャルワークの展開』ミネルヴァ書房、2010年、41頁)。つまり、保育を含めて、スーパービジョンとは、利用者主体のサービス実現に向けた職員の資質向上に関する指導・助言・監督等を指すものであるが、そのあり方について、これまで保育現場において体系的・組織的に追究されてきたかといえば、必ずしもそうとはいえないのではないか。たとえば、「指導助言」とは文字通りのアドバイスであり、それに従うか従わないかは相手の自主的判断に委ねられるべきである、ときには相手の意思に拘わらず、事実上の強制力をもって行われるものであるといった程度の認識にとどまり、内容的には園長・主任等の長年の経験と勘あるいは天性に基づくものが主であった、といえば言い過ぎであろうか。子育ち・子育ての環境が厳しくなり、業務内容が多様化・複雑化するなかで保育者の疲弊感が従前にも増してきているといわれる今日、保育施設職員が生き生きとした保育実践や保護者・子育て支援活動に取り組んでいくために何が必要か、隣接するソーシャルワーク論に学びながら、体系的で科学的な根拠に裏打ちされた「保育スーパービジョン」論を構築していくことが望まれる。熊本県内の保育・福祉研究者、関係者で組織されている「保育ソーシャルワーク研究会」(事務局：熊本学園大学社会福祉学部伊藤良高研究室、連絡先：TEL 096-364-5161・内線1532）においても、保育現場とさらに連携・協働しながら、こうした問題にアプローチしていきたいと考えている。

第12章 ソーシャルワーク論から保育が学ぶもの

はじめに

私たちが日々生活している現代社会はいったいどのような社会なのであろうか。それは容易に定義づけられる状況なのだろうか。この生活のなかでどのような課題や問題点が浮き彫りにされているのであろうか、はたまた具体的な対応や解決策が実施されているのであろうか。

現代社会は産業化、工業化、都市化そして情報化社会にのみ込まれ流通や消費の流れを一変させ、利便性は飛躍的に向上したが、その結果に過疎、過密を生み出した。このことで大きく変化したのが家族形態である。つまり、小家族化によって家族の基本的な危機対処能力が弱体化し、核家族化によって高齢者への介護能力や子どもや社会的弱者に対する保護機能が低下している。これらの家族機能の弱体化に対して、それを補強するための専門機関やサービスとしての社会保障、生活環境の整備が求められているのである。[1)]

こうして地域近隣での支え合いや見守りも影を潜め、共同体のメリットであった相互扶助機能も衰退していった。そこでは、おのおのが各自の自由を求めてマイホームを重視し、居住地域から遊離した生活が現代の都会人の普通の生き方になっている。共同体的な強制、非民主的な拘束から解放されて「個」の自由な生き方が認められるようになったことは大きな前進だが、その反面個々のエゴイズムが強くなり、連帯・協力の姿勢が弱まったのも事実である。[2)]

そこで、本章では現代社会の家族及び地域社会の変化が、社会的援助の必要というキーワードで、育ちゆく子ども、子育てを必要としている家族および保育を行う専門職に大きな課題を投げかけていることに着目し、「子どもの支援」「保護者支援」「子育て支援」そして「保育者の支援及び養成」の緊急かつ必要性にかんがみ、ソーシャルワーク理論から保育実践が学び得なければならないことについて検討していくものである。なお、本章におけるソーシャルワーク論については、社会福祉の専門性は、職業的倫理、職業的専門知識、職業的専門技術の３要素からなり、わけてもソーシャルワークの専門性については「医療や教育等の他の専門職の専門性（スペシャリティ）とは異なる。ソーシャルワークの専門性（プロフェッション）は、ある面では代替、専門、調整という機能をもちつつ、全体性、総合性、統合性、複合性を特徴にもち、むしろ全人格性からくる本質的なゼネリック性にあるのではないか」[3)]という京極高宣の考え方を基準としておく。

1　ソーシャルワーク実践の必要と保育実践

ソーシャルワークは社会福祉援助技術とも訳される。社会福祉援助技術は制度・政策の方法での法律の整備などによって問題を解決していく「制度としての社会福祉」とは別に「実践としての社会福祉」として存在する。たとえば子育てをしていく上で困難な問題を抱えている人（家族や専門職）に焦点を当て、その人だけではなくその人が置かれている環境状態にも目を向けて改善を図れるように支援したり、その人たちが自信や勇気を回復し、自身で問題が解決できるようにエンパワメントさせる対人援助の実践方法である。

ソーシャルワーク技術を駆使する専門職はソーシャルワーカーであり、これは社会福祉士（国家資格）が該当する。社会福祉士の定義では「（前略）福祉に関する相談に応じ、助言、指導、福祉サービスを提供する者又は医師その他の保健医療サービスを提供する者その他の関係者との連絡及び調整その他の援助を行うことを業とする者」（社会福祉士及び介護福祉士法第２条）となっている。狭義の保育支援では保育実践、広義の保育支援ではソーシャルワーク実践を含むと考えると、保育実践は広義の保育支援のソーシャルワーク実践に包含されていることになり、ソーシャルワークは無縁なものではなくなる。

1998年の児童福祉法の一部改正では保育士が育児不安な家庭のために相談・助言を行うほか、育児講座や育児サークルの開催支援などの努力義務も課されていた。保育士の役割はさらに重要となり、これまで保育イコール児童への教育的支援の考え、つまり保育は教育的要素を持ち、このことを中心として子どもたちへ関与を行うことでのスペシャリストの考え方に変化をもたらすことになる。つまり、これでは高まるニーズの保育実践に解決の方法を見いだすことはできないことを物語るように、社会福祉援助技術や家族援助論がカリキュラムとしても登場してくることになる。2000年に発表された新エンゼルプランの実施により、仕事と子育ての両方を支援するために、入所待機児童の解消、延長保育の推進など保育所への受け入れ体制を強化している。さらに核家族化の進行とともに低下する家庭の子育て機能を支えるために地域住民の子育てを支援する活動（育児相談、育児講座、園庭開放など）の充実が望まれている。少子化対策の担い手として保育士に課せられている任務は重く、保育技術と同時に社会福祉援助技術の修得を不可欠としていることからも理解できる。[4)]

同年の「児童虐待の防止等に関する法律」（児童虐待防止法）では「子どもに職務上関係のある者は虐待を発見しやすい立場にあることを自覚し、その早期発見に努めなければならない」として虐待発見時の児童相談所等への通告義務が課せられている。この場合、保育所で保育を受ける子どもに対しては最も長時間保育士が接することになる。子どもの動きや発語や態度などはもちろんのこと送迎時の家族の様子なども正しく観察をしておくことができれば、虐待が疑われる時の早期発見が可能となる。もちろん早期発見だけでは問題の根本解決にはならず、発見後の福祉事務所等関係機関との連絡や連携、また子どもの保護や虐待行為が疑われる家族への支援は容易なものではないが、保育専門職として避けては通れないものであろう。この子どもと家族、親族また近隣への援助としてソーシャルワーク実践が重要となる。

近年、情報の公開とともに苦情処理（解決）の必要もクローズアップされてくるようになった。これまでも情報公開や苦情処理に保育所等は一定の努力を続けてきたはずであるが、1998年の児童福祉法の一部改正では「保育所は、当該保育所が主として利用される地域の住民に対してその行う保育に関し情報の提供を行い、並びにその行う保育に支障がない限りにおいて、乳児、幼児等の保育に関する相談に応じ、及び助言を行うよう努めなければならない」（第48条の３第１項）と情報開示の必要性をさらに謳い、2000年の児童福祉施設最低基準の改正によって苦情の解決は制度として実施されることになったのである。保育を必要とする保護者等へ情報公開することや苦情解決に向けた取り組みは、地域社会に行動実績を明らかにしていくことであり、地域住民からの安心感や信頼感を得られることになる。これらの努力は保育所等のレベル向上はもとより保育士たちの資質の向上にもつながるメリットがある。どの情報をどの範囲でどの程度公開していくのかも考慮していかなければならないが、これもソーシャルワークの役割といえる。

2 保育現場がソーシャルワーク実践の必要性を訴える状況

保育現場に求められる支援内容が拡大し、ソーシャルワーク実践による援助展開が不可欠となってきている。桐野由美子らは３つの機能とソーシャルワークの必要性について、**図12－1**のように保育士業務拡大の経過で説明している。これまでの保育は①に該当し、親が就労等によって子育てが十分にできない場合に親に代わって「養護」と「教育」により心豊かな子どもを育成することでよかった。ところが都市化、産業化により核家族化が進行し、地域近隣との関係も薄れるなかで若い母親たちの育児不安は増大していくことになる。父親の子育てへの関与が不十分な状況では母親の育児不安などのストレスは増大し、子どもへの虐待につながるケースも登場した。

こうした状況を受けて2001年の児童福祉法改正では、保育士は専門的知識と技術をもって、子どもの保育に加え、保護者への指導・援助を行うことが明記

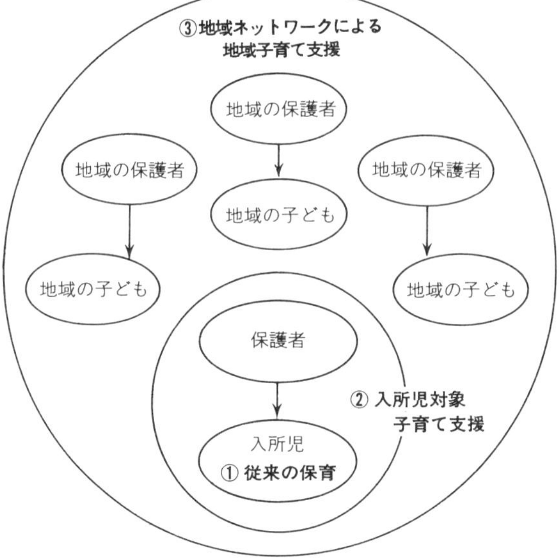

図12－1　保育所保育士の業務拡大の経過

出典：桐野由美子編『保育者のための社会福祉援助技術』樹村房、2006年、3頁。

されることとなった。②の入所児対象子育て支援のことである。法改正でもわかるように保護者への指導・援助という役割の遂行にはソーシャルワークの実践がさらに不可欠となったことである。

2004年に「子ども・子育て応援プラン」が策定されたが、ここでは「若者の自立とたくましい子どもの育ち」「仕事と家庭の両立支援と働き方の見直し」「生命の大切さ、家庭の役割等についての理解」「子育ての新たな支え合いと連携」の重点課題が示された。これはとりもなおさず、保育所保育はいうにおよばず地域におけるすべての子育て支援と家族支援の重要性を喚起しているといえる。地域でのすべての子育て支援と家族支援にもソーシャルワーク実践が必要であり、その成果に期待が高まっていく。これが③の地域ネットワークの子育て支援の必要であり、近年重要視されている業務範囲である。

子育てについての問題が拡大した場合、誰かの支援を受けなければ家庭の崩壊も覚悟しなければならないが、こうした場合に相談援助に駆け込める身近な窓口の１つとして保育所があり、相談援助の専門職の１人としてソーシャルワークを理解した保育士がいて、子育て支援における問題点に積極的に関わってくれ、問題解決の糸口をともに考え行動してくれることが可能である。

たとえば、児童虐待という児童福祉問題にかかわる援助者は、ただたんに諸手当の支給、施設利用などのサービスメニューや社会資源の適用にとどまらず、人間としての児童を対象として、傾聴、受容、共感などの社会福祉援助技術を活用しながら、その内面性の諸課題の解消に向けた任務を遂行するという重要な役割を果たしていくのである。ときには、児童の心の不安、虐待された心の痛手や挫折にともなう寂しさ、敗北感、孤独感など、援助対象の利用者は心の叫びにも似た感情や心の動揺を感じているのである[5)]。

ソーシャルワークの目的は支援を必要としているクライエントの幸福の再構築だと考える。同時に、ソーシャルワークの根幹とはクライエントの個別化であり、たとえばそれが保育を必要とする子どもであったとしても彼らを個人として尊重し、アセスメントによりニーズを把握するとともにそのニーズ解決のために行う専門援助技術を持って完成することになる。

3　ソーシャルワーク論から保育が学ぶうえでの課題

もはや保育現場での支援が保育に欠ける子どもだけではなく、その家族・親族との関わりや地域の近隣住民や関係機関、団体等の関係も含めて支援していくことになり、これらはソーシャルワーク実践の展開を必要としている危機的状況であることを前述した。だが、「保育に欠ける子どもの保育」という基本に立ち返る時、保育とはいったい何なのか、幼児教育なのか、児童養護なのか、はたまた幼児育成なのか、それとも児童館や児童遊園と同様の機能でよいのかと考える。どれほどの保育士たちがソーシャルワークの必要を意識化しているのであろうか。ソーシャルワーク実践こそが現在、混乱を深める保育時期の子どもたちの生存権を守り、健やかな発達権を保障し、成長発達の期待を実現させ、家族（家庭）のQOLも高めることができるといえるのではないか。幼保一元化が現実味を帯びようとしているなかにあっても、保育士の独自の専門性としてソーシャルワークを考えたい。

子どもたちの集団を中心に行われる保育にあっても、そこにいる子どもは個別性の視点で向き合うべきである。１人１人同様に見えてもそれは年齢や見た目が類似しているだけで、彼らには生まれてからここまで様々な生活歴や諸事情を背負っていることを忘れてはならない。ここにケースワークの個別化の原則がある。また、保育士は子どもに集中してしまうことなく保護者との連絡連携を密にしておくことが求められる。これは子どもの送迎にさいし、短時間でも僅かな会話のなかでも実施可能である。子どもの送迎時における接触は、ケースワークにおける面接の応用場面としてあるべきだろう。短い会話であっても問題発見の糸口になり、保育士の短い返事が、解決への助言となりうるからである。[6)]

ソーシャルワークから保育士が学ぶこと、それは保育士がソーシャルワーカーとしての働きをしなければならないということである。保育士はソーシャルワーカーではないが、現実にはソーシャルワーカーとしての役割や業務遂行をしなればならない事態に出会う可能性は高まっている。社会福祉の様々な現場で用いられる専門的な援助技術の体系は、理論的な研究によってのみ築きあげられてきたのではない。それは社会福祉の現場で働く多くの人々が、それぞれの時代の制約を受けながらも、少しでも対象者にとって役に立つ仕事をするにはどうしたらないのか、少しでも意義のある仕事をするにはどうしたらよいのかと試行錯誤を続けてきた。そうした現場体験のなかから生み出されてきたものである。[7)]

米国の社会福祉学者フェリックス・P.バイスティックが *The Casework Rela-*

ソーシャル・ケースワーク（個別援助技術）の原則と信頼関係樹立モデル （7つの原則のすべてを活用また応用した援助が必要）		
援助者の対応・原則		**利用者の欲求**
1．個別化	←	一律同じように扱われたくない
2．意図的な感情表出	←	自分の感情をありのままに表現したい
3．統制された情緒的関与	←	表出した自分の気持ちに共感してほしい
4．受容	←	ありのままに自分を受け止めてほしい
5．非審判的態度	←	責めたり裁いたりされたくはない
6．自己決定	←	自分の行動行為は自分で決めたい
7．秘密保持	←	話した秘密を他人に口外しないでほしい

図12－2　ケースワークの原則と信頼関係

出典：黒川昭登『臨床ケースワークの基礎理論』誠信書房，1999年，253頁に加筆修正。

tionship（日本語訳：『ケースワークの原則』）（1957年）に著した概念「バイスティックの７原則」は、ソーシャルワーカーの援助姿勢の原則であり、これを原点として行われる基本技術である（**図12－2**参照）。

ここで言及しておきたいのは、多くの保育士がソーシャルワーカーとしての原則を学ぶ時、バイスティックの７原則に出会うことになるが、留意しておきたいのは、**図12－2**のモデルの「援助者の対応・原則」の側だけを機械的に覚えてしまうことがあってはならないということである。利用者の欲求に実直に向き合うことができた時に援助者は正しい原則に基づいた対応を行うことになる。つまり、「利用者の欲求」の側に着目せねばならない。利用者の欲求にある「……したい」「……ほしい」「……くない」という切実な言葉に傾聴、共感できたとき、おのずと「援助者の対応・原則」の支援が成功したことになる。

これを補足すれば、７つの原則のうち、たとえば、６つの原則で対応を行い、利用者の欲求は満たされたと考えて終結してしまうのは援助者側の論理で、間違いである。なぜなら、たとえば1.個別化から6.自己決定までを促し、支援に成功したように見えたとしても7.秘密保持の原則を履行せずに、関係者以外に対して、苦労して成功したことを認めてもらおうと支援内容の詳細を公表してしまったりすることがあれば、勝手に公表された本人や家族はもちろんのこと地域住民の理解や同意を得ることも絶対にありえない。加えて信頼関係の醸成の機会を失い反発や反感を受けることもある。これではソーシャルワークの成功とはいえない。

利用者の欲求を「保育に欠ける子ども（家族を含む）」の欲求と置き換えても

何ら問題はないはずである。この成功場面に保育士の真の専門性を見ることができる。真の専門性こそ、ソーシャルワーカーとしての役割を遂行できる場面であり、スペシャリストとしての保育士からジェネラリストとしての保育士の構築の必要に繋がっていくものではないか。子どもたちの成長期待は、同時に保育士たちの資質の向上という成長期待と表裏一体であることを忘れてはならない。ソーシャルワーク論を学び、積極的に活用していかねばならない保育現場の現状がここにある。

おわりに

進展する少子社会では、子どもとその家族が抱える問題は、複雑化、多様化、深刻化しており、保育内容の充実はもちろんだが、保育を行う空間では子どもたちの QOL が十分に保たれる必要がある。だが、このことは質の高い保育また援助が不可欠であることも意味する。加えて、児童虐待防止法などの児童福祉政策や制度なども激変を続けており、こうした状況のなかでは専門職である保育士たちも不安感や緊張感のなかで厳しい業務を遂行している状況が想像できる。

質の高い保育援助のためには保育士の激務はやむを得ないというのであれば、保育士はバーンアウトしたり、ストレスの鉾先(ほこさき)を子どもたちに向けるかもしれない。所長、園長を含む管理職職員に対しても、ソーシャルワークの重要性と具体的な内容熟知の教育や研修の習得が求められている。このことが十分か、不十分かによって、後進のあるいは新人の保育士が、ソーシャルワーク実践の技術を身につけてニーズ解決に立ち向かえるかどうかの分岐点であることを保育現場全体で共有しておく必要がある。

演習問題

1．保育実践の中にソーシャルワーク実践がなぜ不可欠な技術となってきたのかを考えてみよう。
2．ソーシャルワーク実践の展開が急務とされている保育現場の状況と対応策について整理してみよう。
3．ソーシャルワーク実践を必要とする保育現場のこれからの課題を考えてみよう。

注

1）岡本栄一・小笠原慶彰編『福祉・看護・保育を学ぶ学生のための社会福祉〔改訂版〕』大阪ボランティア協会出版部、1996年、56頁。
2）同上、58頁。
3）京極高宣『日本の福祉士制度　日本ソーシャルワーク史序説』中央法規出版、1992年、142頁。
4）小林育子・小舘静枝編『保育者のための社会福祉援助技術』萌文書林、1999年、10頁。
5）小田兼三・宮川数君編『社会福祉援助技術論』勁草書房、2005年、11頁。
6）大塚達雄・澤田健次郎・小田兼三編『現代の保育学２　社会福祉の方法と実際』ミネルヴァ書房、1993年、13頁。
7）同上、17頁。

参考文献

大塚達雄・澤田健次郎・小田兼三編『現代の保育学２　社会福祉の方法と実際』ミネルヴァ書房、1993年。
北本佳子・湯浅典人編『社会福祉の新潮流⑧　社会福祉援助技術論　基本と事例』学文社、2005年。
桐野由美子編『保育者のための社会福祉援助技術』樹村房、2006年。
黒川昭登『臨床ケースワークの基礎理論』誠信書房、1999年。
古川繁子編『事例で学ぶ　社会福祉援助技術』学文社、2003年。
根本博司・佐藤豊道編『介護福祉士選書５　社会福祉援助技術』建帛社、1990年。
吉浦輪編『シリーズ社会福祉の探求４　社会福祉援助学』学文社、2008年。

第13章 保育ソーシャルワーカーの可能性

はじめに

保育におけるソーシャルワーク機能を用いた支援の必要性については、すでに多くの論者が様々な視点から議論を展開している。しかしながら、保育所、幼稚園、児童福祉施設など子どもの保育にかかわる者（以下、保育者と総称）が、その機能を十分に生かした支援を行っているとはいい難い。保育者が行う「保護者支援」「子育て支援」など子育て家庭への、「保育指導」や「保育相談」などと「保育ソーシャルワーク」を区別すべきなのかも曖昧である。また、柏女霊峰[1)]は、保育ソーシャルワークや保育カウンセリングの導入にあたり、保育者は動揺しているとも指摘している。

ではなぜ、保育実践におけるソーシャルワーク機能の有用性は理解されながらも、保育者は戸惑いを感じているのであろうか。その理由はいくつか考えられるが、まず、保育者がソーシャルワークの価値や理論および専門技術を正しく理解しないままに、ソーシャルワークという言葉が一人歩きしてしまったことが考えられる。また、これまで保育者は子どもの保育（ケアワーク）が中心であり、相談・支援（ソーシャルワーク）が中心となるソーシャルワーカーとしての役割は重要視されてこなかったことも１つの要因であろう。さらに、これまで蓄積された保育実践における「保育指導」「保育相談」の理論化・体系化が未形成であることが保育実践においてソーシャルワークの専門性を重視した支援が浸透しない要因ともいえる。

そこで本章では、保育所、幼稚園、児童福祉施設など保育ソーシャルワークの実践現場において、その担い手と期待される「保育ソーシャルワーカー」の専門性や役割を明らかにしたうえで、「保育ソーシャルワーカー」の可能性について論じていきたい。

1　保育ソーシャルワーカーの専門性とは

まず、保育ソーシャルワーカーがソーシャルワーカーと標榜するのであれば、ソーシャルワークの価値および理論、さらに知識や方法を基盤とした活動を展開する必要がある。つまり、保育ソーシャルワーカーには、まずソーシャルワーカーとしての専門性を向上させることが求められる[2)]。そこで、ソーシャルワークの定義を見ると「ソーシャルワーク専門職は、人間の福利（ウェルビーイング）の増進を目指して、社会の変革を進め、人間関係における問題解決を図り、人々のエンパワメントと解放を促していく。ソーシャルワークとは、人間の行動と社会システムに関する理論を利用して、人々がその環境と相互に影響し合う接点に介入する。人権と社会正義の原理は、ソーシャルワークの拠り所とする基盤である[3)]」とされている。

では、ソーシャルワークの専門性とはどのようなものであろうか。ソーシャルワークの専門性には、① 価値、② 知識、③ 実践（技術）の 3 つがある。① 価値とは、すべての人間が平等であることが前提であり、時代背景や個人の価値観に左右されることなく、個人の尊厳を尊重することがソーシャルワークの価値である。たとえば、児童虐待問題に遭遇したとき、自分の価値観で保護者を否定的にとらえるのではなく、1 人の社会生活を送る人間として、どのような援助が必要なのかを検討する必要がある。

また、② 知識とは、対象者にとって必要な各種福祉制度やサービスの知識が必要となる。また、専門領域によって、それぞれ子どもの発育・発達や障害に関する知識、精神医学、カウンセリング技法などの知識がソーシャルワークには必要となる。特に保育ソーシャルワークでは、子育てや保育に関連した知識を有することは重要である。

次に、③ 実践（技術）とは、ソーシャルワークでは、日常の個人的な問題から社会的な問題だけでなく、緊急事態（児童虐待など）への対応が求められる。その、実践としてのケースワーク、グループワーク、コミュニティワークなどの援助技術があり、ソーシャルワーク実践においては必要不可欠な専門性であるといえる。たとえば、生活問題を抱えた個人に対し、問題の評価（アセスメント）を行い、その手立てとして援助計画（プランニング）を立案し、実践が行われる。さらに、実践結果をもとに計画の見直し（モニタリング）が行われる、というように援助が展開される。これまで見てきたように、ソーシャルワーカーの専門性とは、単に経験則や個人のパーソナリティを拠り所にするのではなく、ソーシャルワークの基礎理論に基づく専門性を有することが求められている[4)]。

さらに、保育ソーシャルワーカーには固有の専門性が必要となる。本来、保育とは子どもの最善の利益を目指し、子どもと直接的にかかわりながら支援が行われる。保育ソーシャルワークでも最大の目的は子どもの最善の利益であることはいうまでもない。ただし、その支援対象が保護者や地域の子育て家庭となることも多く、子育て家庭の生活状況や子育て環境を把握したうえで、子どもの良好な発育環境との関連性を理解し、家庭と子どもの関係調整を図ることも重要となる。つまり、子どもの良好な育ちを主目的としながらも、その支援対象は生活問題や課題を持つ保護者や子育て家庭であることも理解しておく必要がある。

また、保育所や幼稚園では教育現場という意識もあり、支援を必要とする子どもに対して、保育者の意思を押し付けるような指導・教育という形態になりやすい点や、先生は教育者、保護者は被教育者であるといった上下関係が構築される傾向があることから、支援を受ける側との関係性に留意することが大切である。

さらに、保育ソーシャルワークでは、これまでの保育実践によって蓄積された「保育指導」「保育相談」の知見を基盤とした保育固有の専門性が求められるのである。

2 保育ソーシャルワーカーの役割

保育ソーシャルワーカーの役割とは何であろうか。まず、対象となるのは、①特別な配慮を必要とする子ども、②保育所、幼稚園、児童福祉施設など（以下、保育施設と略）に通園する子どもの保護者（以下、保護者と略）、③保育者、④地域住民などが考えられる。

そして、その役割として、①何らかの問題や課題を持つ子どもへの直接的な支援である。たとえば、気になる子ども[5)]や障害を持つ子どもに対する療育など、子どもの発育・発達を促すための支援である。直接子どもとかかわる以外にも、関連する療育機関との連絡調整を行い、子どものより良い育ちを支援することである。また、②保護者や子育て家庭への支援では、子育て中の保護者を対象に、子育ての悩みに関するケースワークやグループワークなど、子育て不安や孤立感、育児ストレスなどを克服するための支援が行われる。次に、③保育者への支援も必要となる。保育施設でのソーシャルワーク実践は保育ソーシャルワーカーだけとは限らない。保育者がその役割を担うことも十分考えられる。そこで、保育者へのコンサルテーションやスーパービジョンなど、保育者の資質向上を目指した支援も必要であろう。さらに、④地域社会に対する支援である。子どもとその家族が暮らす地域では、子育てに適した環境が必要であり、子どもがより良く育つ地域環境を整えるのも保育ソーシャルワーカーの役割であろう。

このように、保育ソーシャルワーカーの役割を見てみると、対象は子ども、子育て中の保護者、地域住民と広範囲にわたり、その役割も対象者に応じて保育、療育といった子ども支援の役割と保護者への保育指導、保育相談などの子育て支援、地域住民の意識改革や子育て環境の改善などコミュニティワーク実践と多様である。つまり、保育ソーシャルワーカーの役割として、ソーシャルワークの専門性と保育に関する専門知識が必要となり、それらを駆使したソーシャルワーク実践が求められるのである。そこで、次に、保育ソーシャルワークの担い手として、どのような専門職（人材）が求められているかについて検討していく。

3　保育ソーシャルワークの主体

現在の保育施設で、ソーシャルワークを担っているのは保育者である。しかし、すべての保育者が社会福祉専門職としてのアイデンティティを有するとは考えにくく、主な担い手としてされるのは、経験年数が長く、たとえば保育所でいえば、主任保育士や園長（管理者）、あるいは経験年数の長いベテラン保育士となるのであろう。また、その内容もこれまでの保育の専門知識や経験則による「保育指導」「保育相談」が中心となっている。しかし、昨今、問題や課題を抱える子どもや子育てに不安を持つ保護者、子育て環境が悪化した地域など、子どもが育つ環境は複雑で多様化している。この現状を踏まえると、保育ソーシャルワーカーに求められる役割は多岐にわたり、子育てに関する知識だけでなく、様々な社会福祉問題に対応できる専門性を有することが必要と考えられる。つまり、保育ソーシャルワーカーとは、保育に精通したうえで、対象者の生活問題にも対応できる人材であることが望ましい。

そこで、保育ソーシャルワークの主体について検討する。まず、現在の保育施設を見ると、鶴宏史[6]が指摘するように、保育所や幼稚園以外の児童福祉施設（児童養護施設、乳児院など）では、ソーシャルワークの主体は児童指導員[7]や家庭支援専門員（ファミリーソーシャルワーカー）などが想定される。しかし、保育所や幼稚園では児童福祉施設最低基準や幼稚園設置基準（以下、最低基準と略）にもあるように、保育士、幼稚園教諭以外の社会福祉専門職は存在しない。つまり、保育所や幼稚園以外の児童福祉施設では、保育にかかわる保育者（ケアワーカー）と相談・支援にかかわるソーシャルワーカーを明確に区別しているが、保育所や幼稚園ではその他の社会福祉専門職を配置しない限りソーシャルワークの主体は保育者となる。この点を踏まえると、保育ソーシャルワークの主体は、第１に保育士や幼稚園教諭が適当であると考えることができよう。ただし、現在の子育て環境を考えると、保育者が保育（ケアワーク）とソーシャルワーク双方の役割を担うことが果たして適当であるかについては議論の余地がある。今後は、ソーシャルワークを専門とする福祉専門職が保育施設に配置されるような制度改革も必要であると考える。次に、これまでの議論から保育ソーシャルワークの可能性について検討する。

4　保育ソーシャルワーカーの可能性

ここでは、保育ソーシャルワークの主体である「保育ソーシャルワーカー」の可能性について検討する。まず、現在、保育士資格や幼稚園教諭免許を有する保育者が保育ソーシャルワーカーとなる可能性から検討する。保育者が保育ソーシャルワーカーとなるためには、保育ソーシャルワーカー養成研修事業（仮称）により人材育成を行うことである。保育領域では類似した資格として保育カウンセラーがあるが、この資格には大きく次の２つに分類される。まず、①文部科学省が進めている保育カウンセラー事業と、②全国私立保育園連盟が行っている保育カウンセラー養成講座がある。前者は臨床心理士などが保育所や幼稚園などで直接、保育にかかわることなく、相談・支援に特化して業務を行うことである。つまり、保育者がカウンセラーとして支援を行うというよりも、カウンセリングの専門職が保育現場での相談・支援にあたるというものである。また、後者は保育者が保育カウンセラー養成講習を受講することにより保育カウンセラーとなる。この場合、カウンセリングマインドを持った保育者という色合いが濃い[8)]。つまり、カウンセリング専門職というよりも、カウンセリング技術を用いた支援ができる保育者と解することができる。

この点を参考に検討すると、保育ソーシャルワーカー養成のシステム構築を行うことで、保育者が保育ソーシャルワーカーとなる可能性は十分にあり得ると考えられる。ただし、この場合は、保育ソーシャルワーク専門職というよりも、先述したように、ソーシャルワーク技法を用いた支援ができる保育者と解されることから、ソーシャルワーク専門職としてのアイデンティティの確立については、議論の余地が残る。しかしながら、より多くの保育施設において適切な保育ソーシャルワークを展開するためには、保育者が保育ソーシャルワークを実践できることが望ましく、そうした場合、保育ソーシャルワーカー養成研修事業による保育ソーシャルワーカーの可能性はより現実味を帯びてくるといえる。

次に、保育ソーシャルワーカーをより高度専門職として位置づけた場合である。それは、わが国でソーシャルワーカーとして認知され国家資格でもある社会福祉士が保育ソーシャルワーカーとしての役割を担うことである。つまり、藤岡孝志[9)]が指摘するように、社会福祉士資格を基礎資格と位置づけたうえで、保育領域における専門知識を養成研修などで習得した者や、保育に関する専門資格[10)]（保育士資格、幼稚園教諭など）を有する者を対象とした、保育ソーシャルワーカー認定資格を創設することである。社会福祉士資格を基礎資格とすることは、社会福祉士が国家資格でもあり、現在、わが国におけるソーシャルワーク専門職としてとして社会的承認を得ていることからも必要な条件であると考える。

しかし、社会福祉士資格を保育ソーシャルワーカーの基礎資格とした場合、課題や問題が多い。それは、児童福祉法における最低基準において、ソーシャルワーク専門職の配置は義務となっておらず、保育所や幼稚園が新たに社会福祉士を採用するとは考えにくい。可能性が高いのは、保育士資格を有する社会福祉士が保育施設において保育（ケアワーク）を行うと同時に、ソーシャルワーク実践に取り組むことである。そうなると、今後、保育者養成についての再検討が必要となり、４年制大学および大学院における保育者養成を推進するなど活発な議論が必要となろう。

おわりに

保育ソーシャルワーカーには、社会福祉の専門的な知識、価値、技術のほかにも子どもの発育・発達や保育技術、子育てという場の理解などが必要となることから、保育の専門性とソーシャルワークの専門性の両方を併せ持つことが重要となる。

また、保育施設における職員の人員配置基準の見直しなど、保育施設において子どものより良い育ちを支えるために必要な事柄を整理することも大切である。現在、保育制度改革や社会的養護改革などが始まっているが、同時に、保育施設におけるソーシャルワーク専門職の必要性について検討することを期待したいところである。これらの点を踏まえたうえで、保育ソーシャルワーカーの可能性についてはさらなる議論が求められる。

演習問題

1．保育ソーシャルワーカーに必要な専門性とは何かを整理してみよう。
2．保育者が保育ソーシャルワーカーとなる場合、どのような専門教育が必要となるかを検討しよう。
3．保育施設における保育ソーシャルワーカーの役割を考えてみよう。

注

1）柏女霊峰・橋本真紀『保育者の保護者支援——保育指導の原理と技術』フレーベル館、2008年、4頁。
2）日本社会事業大学児童ソーシャルワーク課程編『これからの子ども家庭ソーシャルワーカー——スペシャリスト養成の実践』ミネルヴァ書房、2010年、50頁。
3）国際ソーシャルワーク学校連盟（IASSW）・国際ソーシャルワーカー連盟（IFSW）・社団法人日本社会福祉教育学校連盟『ソーシャルワークの定義　ソーシャルワークの理論：原理についての表明　ソーシャルワークの教育・養成に関する世界基準』相川書房、2009年、9頁。
4）山野則子・峯本耕治編『スクールソーシャルワークの可能性——学校と福祉の協働・大阪からの発信』ミネルヴァ書房、2007年、3-6頁。
5）気になる子どもとは、発達障害など医学的な診断は受けていないが、保育施設において保育を行ううえで、問題や課題を持つ子どもである。

6）鶴宏史『保育ソーシャルワーク論――社会福祉専門職としてのアイデンティティ――』あいり出版、2009年、47-48頁。

7）『社会福祉用語辞典』（5訂中央法規出版編集部編、中央法規、2010年）によれば、児童指導員とは、「児童養護施設、知的障害児施設、盲ろうあ児施設などに置かれ、児童の生活指導を行う職員（認定資格）」と説明されている。

8）社団法人全国私立保育園連盟『あおむし通信』（http://www.zenshihoren.or.jp/kensyu/counselor.html 情報取得2010年9月22日）。

9）日本社会事業大学児童ソーシャルワーク課程編前掲書、21-22頁。

10）保育士及び幼稚園教諭が社会福祉士資格を取得し、保育ソーシャルワーカーとなることも十分に考えられることである。

参考文献

伊藤良高『新時代の幼児教育と幼稚園――理念・戦略・実践――』晃洋書房、2009年。

伊藤良高・中谷彪・北野幸子編『幼児教育のフロンティア』晃洋書房、2009年。

岡本民夫・平塚良子編『新しいソーシャルワークの展望』ミネルヴァ書房、2010年。

門田光司『学校ソーシャルワーク実践――国際動向とわが国での展望』ミネルヴァ書房、2010年。

児島美都子『新医療ソーシャルワーカー論――その制度的確立をもとめて』ミネルヴァ書房、1992年。

索　引

〈ア　行〉

〈カ　行〉

〈サ　行〉

〈タ　行〉

〈ナ　行〉

《**執筆者紹介**》（執筆順、＊は編者）

＊中谷　彪（なかたに　かおる）　奥付参照……………………………………………………**第１章**

＊伊藤良高（いとう　よしたか）　奥付参照…………………**第２章、第３章、第６章、第10章、コラム４**

＊永野典詞（ながの　てんじ）　奥付参照………………………………………………**第４章、第13章**

伊藤美佳子（いとう　みかこ）　熊本学園大学非常勤講師、桜山保育園園長……………………**コラム１**

下坂　剛（しもさか　つよし）　四国大学生活科学部講師……………………………………**第５章**

香﨑智郁代（こうざき　ちかよ）　熊本学園大学大学院学生…………………………………**コラム２**

中村明美（なかむら　あけみ）　武庫川女子大学文学部講師…………………………………**第７章**

塩野谷　斉（しおのや　ひとし）　鳥取大学地域学部教授……………………………………**第８章**

波田埜英治（はたの　えいじ）　聖和短期大学准教授…………………………………………**第９章**

宮﨑由紀子（みやざき　ゆきこ）　西日本教育医療専門学校……………………………**第10章、コラム３**

若宮邦彦（わかみや　くにひこ）　南九州大学人間発達学部講師……………………………**第11章**

三好明夫（みよし　あきお）　京都ノートルダム女子大学准教授……………………………**第12章**

《編者略歴》

伊藤良高（いとう　よしたか）

1954年　大阪府に生まれる
1985年　名古屋大学大学院教育学研究科博士課程単位取得退学
専　攻　保育学・教育学（保育制度・経営論）
現　在　熊本学園大学社会福祉学部教授、桜山保育園理事長、博士（教育学）
著　書　『〔増補版〕現代保育所経営論』（北樹出版、2002）
『保育所経営の基本問題』（北樹出版、2002）
『幼児教育の明日を拓く幼稚園経営』（北樹出版、2004）
『新時代の幼児教育と幼稚園』（晃洋書房、2009）
『保育制度改革と保育施設経営』（風間書房、2011）、他多数

永野典詞（ながの　てんじ）

1964年　熊本県に生まれる
2011年　熊本学園大学大学院社会福祉学研究科博士課程単位取得退学
専　攻　社会福祉学（障害者福祉論）
現　在　中九州短期大学幼児保育学科准教授、修士（社会福祉学）
著　書　『これだけは知っておこう保育・教育実習 BOOK』（共著、明治図書、2003）
『事例で学び、実践にいかす　障害者福祉』（共著、保育出版社、2008）
『幼児教育のフロンティア』（共著、晃洋書房、2009）
『実例から学ぶ　子ども福祉学』（共著、北樹出版、2010）
『介護福祉士完全合格テキスト（午前）2011年版』（共著、翔泳社、2010）、他

中谷　彪（なかたに　かおる）

1943年　大阪府に生まれる
1972年　東京大学大学院教育学研究科博士課程単位取得退学
専　攻　教育学・教育行政学
現　在　森ノ宮医療大学保健医療学部教授、大阪教育大学名誉教授、博士（文学）
著　書　『現代教育思想としての塩尻公明』（大学教育出版、2012）
『教育風土学』（晃洋書房、2005）
『1930年代アメリカ教育行政学研究』（晃洋書房、2005）
『子育て文化のフロンティア』（晃洋書房、2006）
『信頼と合意の教育的リーダーシップ』（晃洋書房、2008）、他多数

保育ソーシャルワークのフロンティア

2011年3月30日　初版第1刷発行
2012年4月15日　初版第2刷発行
＊定価はカバーに表示してあります

編者の了解により検印省略

編　者　伊藤良高　永野典詞©　中谷　彪
発行者　上田芳樹

発行所　株式会社　晃洋書房
〒615-0026　京都市右京区西院北矢掛町7番地
電　話　075(312)0788番(代)
振替口座　01040-6-32280

印刷　(株)合同印刷
製本　藤原製本(株)

ISBN978-4-7710-2234-8